Beate Slipher

Natur *satt!*

Wilde Kräuter, Beeren und Pilze sammeln und genießen

KOSMOS

Aus dem Norwegischen übersetzt von Dr. Birgit Kanz
Titel der Originalausgabe: Plukk ville matvekster
Erschienen bei Aschehoug & Co. (W. Nygaard) A/S Norway
unter ISBN 978-91-37-13054-5

Mit 250 Farbfotos von Beate Slipher

Umschlaggestaltung von eStudio Calamar unter Verwendung von zehn Farbfotos von Beate Slipher. Der Umschlag vorne zeigt das Wiesen-Schaumkraut sowie von links nach rechts: kandierte Veilchen, Steinbeeren und Blaubeer-Smoothie. Die Rückseite zeigt von links nach rechts: Himbeeressig, Frühlingssuppe mit Kümmel, Kümmelkohl, eingelegte Brombeeren sowie Veilchen mit Brie und Walnüssen. Der Rücken zeigt eingelegte Rosenblätter.

Unser gesamtes lieferbares Programm und viele weitere Informationen zu unseren Büchern, Spielen, Experimentierkästen, DVDs, Autoren und Aktivitäten finden Sie unter **www.kosmos.de**

Gedruckt auf chlorfrei gebleichtem Papier

ISBN 978-3-440-11817-7
Redaktion: Carsten Vetter, Julia Grimm
Produktion: Markus Schärtlein
Druck und Bindung: Europrinting S.p.A, Mailand
Printed in Italy / Imprimé en Italie

Inhalt

Wilde Genüsse

Auf der Treppe vor meiner Tür steht ein Korb. Er steht dort vom zeitigen Frühjahr bis zum Winter. Daneben steht ein Paar Gummistiefel zum Reinschlüpfen bereit. Es ist, als wollten die beiden mir sagen: „Komm raus! Dort draußen geschieht etwas, genau jetzt! Wenn du mit dabei sein möchtest, darfst du nicht länger warten. Gerade jetzt treibt und blüht es, duftet und reift es. Du musst hinaus, wenn du sehen, schmecken und genießen willst."

Diese Aufforderung möchte ich weitergeben: Gehen Sie hinaus! Es erwarten Sie dort so viele Erlebnisse, so viele neue Entdeckungen, neue Geschmäcke, Farben und Formen, die Sie bestimmt noch nie wirklich wahrgenommen haben.

Vieles hat mein Korb schon mit nach Hause auf den Küchentisch gebracht – zum Teil mit einer gewissen Portion Skepsis. Ich wusste wohl, dass alles essbar war, aber würde es auch schmackhaft sein? Oder würde möglicherweise der Magen rebellieren? Ich führte viele Versuche mit Verwandten und Freunden durch. Ihre Reaktionen waren unmittelbar vom Gesicht ablesbar. Einige mochten den parfümähnlichen Geschmack von Rosensorbet nicht. Andere wunderten sich, wovon sie kuriert werden sollten, wenn sie am Engelwurzlikör nippten. Aber schlecht ist keinem geworden!

Das liegt daran, dass ich immer dem ersten Gebot eines Sammlers folge: Iss niemals etwas, von dem du nicht weißt, was es ist! Wer nicht sicher ist, sollte unbedingt zusätzliche Naturführer heranziehen. Sie sollten in jedem Bücherregal stehen. Pilzkontrollen sind unschätzbare Kenntnisquellen. Am besten ist es, anfangs jemanden zu begleiten, der sich auskennt. Dabei lernt man die kleinen, untrüglichen Bestimmungsmerkmale mit eigenen Sinnen kennen – nicht nur mit den Augen, sondern auch mit dem Geruchssinn, den Geschmacksknospen und dem Gefühl für Konsistenz.

Ob Sie nur einen Spaziergang in der Umgebung machen, über eine Wiese oder durch einen Wald gehen, ans Meer oder in die Berge reisen – überall können Sie Entdeckungen in Pilz- und Pflanzenreich machen. Kennen Sie sich aus, öffnet sich Ihnen eine neue Welt. Sie sehen nicht länger nur Gras und Unkraut. Sie sehen Winterkresse und Vogelmiere, Kümmel und Platterbse, Gänsefuß und Mädesüß. Es ist, als wanderten Sie unter Freunden. Sie kennen ihre Eigenschaften, wissen, wozu sie verwendet werden können und was an Volksglaube und Geschichten mit ihnen verbunden ist. Es entsteht das Gefühl, mit der Vergangenheit verankert zu sein. Es lässt uns ein wenig von den Lebensbedingungen verstehen, unter denen Menschen früher gelebt haben, die diese Pflanzen als Nahrung und auch als Medizin genutzt haben.

Ich habe nicht die Absicht, jemanden von irgendetwas zu kurieren. Es könnte sich allenfalls um das besorgniserregende und um sich greifende Stillsitzsyndrom handeln. Ganz im Gegenteil, ich möchte Sie mit etwas anstecken: mit Naturgefühl, Neugierde, Entdeckerlaune, Finderglück, Forscherdrang – und mit Kreativität beim Kochen. Die Rezepte müssen Sie an die Mengen anpassen, die Sie finden. Keiner kann vorhersagen, mit wie viel in Korb und Eimer Sie wieder nach Hause kommen. Viele Pflanzen können Sie gegen andere ersetzen. Haben Sie nur wenig gefunden? Dann machen Sie einfach eine Vorspeise statt eines ganzen Hauptgerichts.

Wir stellen in diesem Buch die Pflanzen in der Reihenfolge vor, wie sie für gewöhnlich im Lauf der Jahreszeiten vorkommen. Deshalb werden Sie Blüten und Blätter, Pilze und Beeren ein wenig bunt durcheinander vorfinden. Haben Sie jemals an den Wurzeln des Tüpfelfarns gesogen, an einem Fichtenzweig gekaut, an der Krähenbeere geknabbert oder sich an Stoppelpilzen satt gegessen? Wenn nicht, dann tun Sie es dieses Jahr! Einige der Pflanzen kennen Sie sicher schon. Dann sollten Sie sich zu den nächsten vorschnuppern und vorschmecken – und zu den nächsten, und zu den nächsten ...

Zum Schluss: Ein Dankeschön an die Biologen und Köche, die einen intensiven Blick auf alle Texte warfen, um sicherzustellen, dass auch alle Details ihre Richtigkeit haben.

Beate Slipher

Frühling

Wenn
die Welt
erwacht

Hoffnung, Leben, Frühling! Wieder einmal hat es die Natur geschafft. Nun wird sie erneut ihre grünen Lungen entfalten und frei aufatmen. Den Winter über warteten Säfte und Kraft im Verborgenen, tief unten in der Dunkelheit der Erde. Doch nun ist die Zeit reif: Die Knospen öffnen sich im Licht, die Säfte steigen in die Stämme hinauf. Der Frühling kann nicht länger warten. Er bricht in allen hellgrünen Nuancen der Hoffnung aus. Diese Lebenskraft wirkt ansteckend. Auch wir müssen hinaus! Hinaus, um die neu erwachte Welt mit allen Sinnen wahrzunehmen: Wir schnuppern, schmecken und staunen, während sich die große Formenvielfalt dem Licht entgegenstreckt.

Den Frühling erleben

Kaum beginnt der Schnee, an sonnigen Stellen zu schmelzen, bricht bereits das neue Grün hervor. Noch während es taut, sprießt inmitten von Pfützen und alten Pflanzenresten lebendiges, frisches, helles Grün. Nun gilt es, den Tag zu ergreifen und während dieser flüchtigen Jahreszeit in uns aufzusaugen, was nur allzu schnell wieder vorüber ist.

Der Frühling weckt die wintermüden Sinne. Versuchen Sie, ein wenig innezuhalten: Horchen Sie nach den Geräuschen wie dem Gluckern in Pfützen und Schlamm. Es kündigt Spaziergänge auf dem Trockenen an. Bis dahin helfen weiterhin nur Gummistiefel.

Licht: Leben und Medizin

Achten Sie auf das Licht. Tag für Tag wagt es sich höher den Himmel hinauf, weckt es die Welt ein wenig früher und lässt es die Dämmerung ein wenig länger warten. Nicht nur Pflanzen schöpfen Lebenskraft aus dem Frühlingslicht. Auch wir müssen es in uns aufsaugen. Nun bilden sich die ersehnten Vitamine unter der bleichen Winterhaut. Das Frühlingslicht schenkt uns neue Lebensfreude und ist die beste Wohlfühlmedizin, die es gibt.

Früher war der winterliche Nahrungsmangel eine harte Prüfung für Mensch und Vieh. Nach einem langen, vitaminarmen Winter bei Hering, Mehlsuppe, Grütze und Brei, kam endlich der rettende Frühling mit seinem frischen Grün. Der gute Geschmack stand hierbei nicht im Vordergrund. Hauptsache, die Kost war gesund und sättigte ein wenig.

Lange bevor die Menschen von Vitaminen und Mineralstoffen wussten, wurden schon heilkundliche Erkenntnisse aus der Natur gezogen. Darauf weisen auch heute noch viele Pflanzennamen wie das Skorbutkraut *(Cochlearia officinalis)* hin. Diese kleine, unscheinbare Pflanze rettete viele Seemänner vor Skorbut. Die gefürchtete Krankheit, die durch Vitamin C-Mangel bei einseitiger Kost verursacht wurde, ließ die Zähne ausfallen. Kapitän James Cook sorgte für reichliche Skorbutkraut-Vorräte auf seinen Seereisen. Wenn Sie selbst diese Vitamin C-Spritze servieren wollen, müssen Sie hinaus an die Meeresküste. Dort kann das Kraut den ganzen Winter hindurch in der Spritzwasserzone geerntet werden.

Sammeln im Frühling

Man kann gleich vor der Haustür auf die Geschenke des Frühlings stoßen. Wir suchen nicht den Wald, sondern vielmehr die helle und offene Landschaft, wo die Sonne schon gut einwirken konnte. Dort finden wir die Kräuter, die gerade ihre jungen und zarten Blätter entfalten. Sie sind jetzt wunderbar weich und mild.

Vielleicht müssen Sie sogar nur in den Garten vor der Tür gehen. Es ist Zeit, die Jagd auf Löwenzahn und Giersch zu eröffnen, die später in Rasen und Beeten ihr Unwesen treiben. Man kann sich viel schweißtreibendes Unkrautjäten im Sommer ersparen, indem man zum Frühlingsfest mit Giersch-Suppe, -Püree oder -Salat einlädt.

Wenn die Blätter der Birke sprießen und die Bäume in einem hellgrünen Schleier stehen, kann man das junge Laub als Verzierung in Salaten, über Kartoffeln oder auf Käse- und Leberwurstbroten verwenden. Man kann auch Gelee aus den Birkenblättern herstellen. Ebenso ist es möglich, aus den Blättern einen Saft zu kochen.

Diesen kann man dann als Pulver trocknen. Das Pulver ist eine schmackhafte Zugabe zu jedem Brotteig.

Einige Zeit später hat dann der Wald interessante Aromen zu bieten. Im lichten Laubwald springen die Ahornblüten an den kahlen Ästen auf. Ihr Goldgelb, die intensivste Farbe des Frühlings, steht im schönsten Kontrast zum klaren Blau des Himmels. Sie sind über und über voll mit nektarsaugenden Bienen, die unüberhörbar summen. Machen Sie es ihnen nach: Naschen Sie einmal von einer nektargefüllten Blüte.

Gelegentlich kann man einen Duft wahrnehmen, der an Knoblauch erinnert. Er verrät den Bärlauch *(Allium ursinum)*, der wie Knoblauch verwendet wird: Sie können die Blätter fein hacken und Fleisch- und Gemüsegerichten, Kräuterbutter, Salaten oder Salatsaucen untermischen. Die Blätter dürfen jedoch nicht mit denen des Maiglöckchens verwechselt werden, da diese sehr giftig sind!

Es gibt im Wald daneben aber auch mildere Aromen: Zarte Triebe der Vogel- oder Himbeere, Blätter und Blüten von Blau- und Preiselbeeren können getrocknet und zu einem „Waldtee" vermischt werden. Die trockenen Kräuter in dicht schließenden Gläsern aufbewahren. Sie sollten für den Tee eine Weile in Wasser ziehen, bevor sie abgeseiht werden. Den Tee großzügig mit etwas Honig, Zimt und vielleicht auch mit frischem Ingwer würzen.

Wenn die Blaubeerheide blüht, scheint der Waldboden festlich mit Tausenden von kleinsten orientalischen Lichtern geschmückt zu sein. Die Blüten der Preiselbeere mit ihren weißrosa Glöckchen sind so schön wie Lilien im Miniaturformat. Aber das entdeckt nur der, der sich ganz tief niederkniet und die Sträucher aus der Ameisenperspektive betrachtet.

Tipps für die Kräutertour

Man weiß nicht immer, was die Gemüsetheke der Natur bieten wird, wenn man auf Kräutertour geht. Die Sinne müssen geschärft und der Blick auf die Details konzentriert sein. Überdies muss man improvisieren und das Beste aus dem machen, was kommen mag.

- Sorgsam mit den Blättern umgehen, die roh gegessen werden sollen, damit sie frisch und schmackhaft bleiben.
- Zum Rohessen nur die zartesten Blätter pflücken. Sie sind am feinsten im Geschmack, saftig und weich. Blätter, die gekocht oder getrocknet werden, können fester sein.
- Nicht vergessen, dass grüne Blätter beim Erwärmen in sich zusammenfallen. Immer mindestens das Doppelte der benötigten Menge sammeln.
- Pflanzen direkt an Ort und Stelle säubern. Dies während einer Rast zu erledigen, macht noch Spaß, zuhause kann es zu einer lästigen Arbeit werden.
- Viele der essbaren Kräuter wachsen am Straßenrand. Pflücken Sie keine Pflanzen dort, wo die Vegetation durch den Verkehr verschmutzt ist.

Ahorn-Blüte

Bärlauch

Löffelkraut

Heidelbeer-Blüte

Preiselbeer-Blüte

Ausrüstung für die Kräutertour

Das wichtigste Werkzeug ist die Hand, die wir zum Glück immer dabei haben. Um auf jeden Fund richtig vorbereitet zu sein, benötigen Sie außerdem die folgenden Hilfsmittel:

- Zum Sammeln von Brennnesseln sind weiche Gartenhandschuhe mit Lederbesatz in der Handfläche und an den Fingerkuppen am besten geeignet. In Gummihandschuhen bekommt man schnell feuchte Hände. Dann bringt das Sammeln ganz schnell keinen Spaß mehr.
- Wenn Sie sich Brennnesseln nähern, sollten Sie Ihre Arme und Beine mit einem langärmeligen Hemd, langer Hose, Socken und Schuhen schützen.
- Ein Messer zum Sammeln von Kümmelkohl.
- Tüten oder Beutel, um die Pflanzen getrennt zu sammeln.
- Verschlüsse: Die Tüte mit dem Sammelgut wird etwas aufgeblasen und verschlossen. So ist der Inhalt während des Transportes davor geschützt, zerdrückt zu werden.
- Druckverschlusstüten sind ebenfalls gut dafür geeignet.

Tipps zur Zubereitung

Wildkräuter können als Gewürze, Tees, Salate, Gemüse, Suppeneinlagen und für Pürees verwendet werden. Im Gefrierschrank lässt sich der Geschmack des Frühlings das ganze Jahr über aufbewahren.

- Die Kräuter sind zeitig im Frühjahr vor der Blüte am besten. Später werden sie zäher und oft bitter und scharf.
- Um den feinen Geschmack hervorzubringen, dünstet man die Pflanzen in Butter. Dazu sind zarte und gute Rohwaren wichtig. Diese benötigen nur ein wenig Salz und Pfeffer. Sie können aber noch besser schmecken, wenn sie mit etwas Zwiebeln und Knoblauch versetzt werden.
- Zarte und weiche Blätter muss man nicht immer zerkleinern. Es ist schön zu sehen, was man isst. Zähere Blätter sollten allerdings besser gehackt werden.
- Kräuter, die eingefroren werden sollen, müssen zuvor erwärmt werden. Kurzes Blanchieren in leicht gesalzenem Wasser bei längerer Aufbewahrung bietet sich an, Dünsten bei kurzer Aufbewahrung.
- Teekräuter müssen absolut trocken sein. Zum Trocknen eine dünne Schicht auf Zeitung oder Küchenpapier ausbreiten und auf einen warmen Fußboden legen. Sie können auch im einen Spalt weit geöffneten Backofen bei geringer Hitze oder in einem speziellen Trockenapparat für Früchte und Beeren getrocknet werden. Immer Luftdicht und dunkel aufbewahren.

Die erste Pilztour im Jahr

Wussten Sie, dass man die Pilzsaison schon im Frühling beginnen kann? Nur sind dann die sechs leicht bestimmbaren Speisepilze noch nicht zu finden, weshalb Anfänger noch ein wenig warten sollten. Aber für die, die ihr Repertoire erweitern wollen, ist es interessant, bereits im Mai auf die Suche zu gehen.
Wenn die Traubenkirsche blüht, ist es an der Zeit, den Blick für den Maipilz *(Calocybe gambosa)* zu schärfen. Fast könnte man ihn für einen Champignon halten, denn sein Hut ist gewölbt und der Rand leicht eingerollt und gewellt. Schaut man aber von unten, so wird der Unterschied zwischen beiden Pilzen sichtbar: Der Maipilz hat keinen Hautring am Stiel. Seine Lamellen sind weißlich, nicht rosa bis braun wie beim Champignon. Ein weiteres eindeutiges Unterscheidungsmerkmal sind die Fugen oder Vertiefungen, welche die Lamellen vom Stiel trennen.

Der Maipilz bevorzugt Gebüsche am Waldrand oder offene Wiesen. Er ist auch auf Rasen und in Parkanlagen zu finden.

Maipilz

Tüpfelfarn *Polypodium vulgare*

Die schönen Wedel des Tüpfelfarns klammern sich an steilen Hängen und Felsspalten fest. Wer sie erklimmt, wird belohnt. Die kleinen lakritzstangenähnlichen Wurzeln lassen sich leicht aus Moosen herauslösen.

Kaum ist der Schnee geschmolzen, treten die Blätter des Tüpfelfarns grün und saftig hervor. Vielleicht sind sie nach der Winterzeit noch etwas niedergedrückt, aber der Wurzelstock ist jetzt übervoll an Reservestoffen. Zu dieser Zeit, bevor der Rest des Waldes ergrünt, ist der kleine Farn besonders auffällig.

Wurzelstöcke zu sammeln, klingt beschwerlich. Beim Tüpfelfarn ist es jedoch einfach, denn seine Wurzeln wachsen direkt unter dem Moos oder knapp unter der Erdoberfläche. Sie lassen sich leicht mit den Fingern herauslösen und bis zu ihren Verzweigungen verfolgen.

Zunächst sehen die Wurzeln wie lange Tausendfüßer aus – wenig verführerisch, sie in den Mund zu nehmen. Aber sind sie sauber gebürstet, ihre Seitenwurzeln entfernt und die Rinde ein wenig abgeschabt, so kommt eine hellgrüne, schmackhafte Delikatesse zum Vorschein. Eine süße Nascherei für unterwegs, die Kindern manche Entdeckungstour versüßt.

Verschiedene Sagen ranken sich um die Frage, warum der Tüpfelfarn in solch steilem und unwegsamem Gelände wächst. Eine berichtet, dass einige Tropfen Muttermilch der Jungfrau Maria in eine Felsspalte fielen. Aus diesen kostbaren Tropfen wuchs dann der erste Tüpfelfarn hervor. Eine verwunderliche Erklärung, denn der Geschmack erinnert wenig an Milch. Stattdessen schmeckt der Farn süßlich, ähnlich Anis.

Alte Pflanzennamen wie „Engelsüß" und „Süßwurzel" zeigen, dass die Menschen den Geschmack des Tüpfelfarns sehr geschätzt haben. Damals wurde die Pflanze zu mehr als einfach nur zum Naschen benutzt. Bereits im Altertum wurde der Tüpfelfarn von Heilkundlern und Ärzten als Heilmittel geschätzt. Hippokrates, der „Vater der Heilkunde", empfahl ihn bei Frauenleiden, der griechische Arzt Dioscurides kochte ihn bei „hartem" Magen und der Römer Plinius verwendete ihn zu einem Schnupftabak zerstoßen bei Polypen.

Der Lakritzgeschmack lässt sich mit Weißweinessig oder 40%igem Alkohol aus der Wurzel herauslösen. Dazu die Wurzeln reinigen, klein schneiden, mit der jeweiligen Flüssigkeit bedecken und in einem luftdicht verschlossenen Glas ein paar Wochen mit dem Essig oder dem Alkohol ziehen lassen. Zum Schluss abseihen. Der Auszug kann vielfältig verwendet werden: in Gewürzkuchen, Glasuren, als Aperitif, ähnlich Pernod, oder als raffiniertes Gewürz für Saucen und Suppen. Wir empfehlen ein oder zwei Teelöffel zur Sauce Bernaise hinzuzugeben oder einen Spritzer zur Fischsuppe.

Merkmale
Der Tüpfelfarn wird etwa 30 cm hoch. Die Blätter sind ledrig und wintergrün. Auf ihrer Unterseite sitzen deutlich sichtbare, runde Sporenansammlungen. Wurzeln mit alten Stängelresten sehen aus wie lange Tausendfüßer.

Standort
Tüpfelfarne wachsen gerne mit Moosen auf felsigem Grund, aber auch auf verrottenden Baumstämmen oder in Baumspalten. Sie können große Kolonien bilden. Sie sind verbreitet und ohne besondere Standortansprüche.

Winterkresse *Barbarea vulgaris*

Zur besten Erntezeit sehen die Blütenknospen der Winterkresse wie kleine Brokkoliröschen aus, die dicht nebeneinander auf den Stängelspitzen sitzen. Das Beste: sie schmecken dann auch so. Sie sind etwas zerzauster, weniger grün und kohlartig, aber sehr schmackhaft.

Die Knospen sind zunächst grün mit einem leichten Lilaschimmer und verfärben sich dann mehr und mehr ins Gelbgrüne. Sie platzen schließlich auf und ihre zahlreichen kleinen Kreuzblüten bilden goldgelbe Büschel. Diese sind nicht für den Genuss geeignet. Jetzt sollten Sie Bienen und Hummeln das Feld überlassen.

Der Name Winterkresse lässt bereits erahnen, dass die Blätter der Pflanze bis in den Winter hinein als Wildgemüse gesammelt und verwendet werden können. Für den lateinischen Namen *Barbarea vulgaris*, im Volksmund auch „Barbarakraut" genannt, stand die Heilige Barbara höchstpersönlich Patin. Sie gehört zu den Heiligen der römisch-katholischen Kirche und starb im Jahre 306 als Märtyrerin. Als eine der 14 Nothelferinnen wurde die Heilige Barbara im Volksglauben bei Unwetter angerufen. Außerdem galt sie als Schutzpatronin der Artilleristen. Könnte sie auch der Winterkresse zumindest etwas von ihren magischen Kräften verliehen haben? Wir versprechen nichts ...

Die Winterkresse ist in Mitteleuropa heimisch und hat sich von hier aus mittlerweile weltweit in den gemäßigten Breiten der Nordhalbkugel ausgebreitet. Sie ist ein Kosmopolit unter den Wildkräutern und fühlt sich vom mediterranen Afrika bis Sibirien wohl.

Die Winterkresse ist eine Freude im Frühling und reich an Vitamin A und Vitamin C. Zuerst können die grünen Blätter gesammelt werden. Sie bilden eine niedrige, unregelmäßige Rosette. Besonders jung schmecken sie leicht würzig und können als Einlage in Salaten verwendet werden. Später werden die Blätter bitter, doch dann ist bereits die eigentliche Delikatesse unterwegs: die Blütenknospen. Diese können ohne Weiteres auch als Dekoration noch bis kurz nach dem Aufblühen gepflückt werden. Blüten im Essen sind schließlich ein schöner Anblick.

Die Knospen werden nur kurz in leicht gesalzenem Wasser aufgekocht. Dann sind sie weich und delikat und können für Suppen, Eintöpfe, Pürees und Aufläufe verwendet werden. Ein kleines Butterstückchen zugesetzt oder Crème fraîche, ein wenig Knoblauch, vielleicht Lauch, und man hat eine köstliche Beilage sowohl zu Fleisch als auch zu Fisch.

Merkmale
Die Blätter der Winterkresse besitzen charakteristische große Endzipfel und kleine Seitenzipfel. Häufig wird sie mit dem Ackersenf verwechselt. Die beiden Pflanzen lassen sich jedoch an den Blüten und dem Stängel unterscheiden: Die Winterkresse blüht früher und besitzt goldgelbe Blüten. Die Blüten des Ackersenfes erscheinen erst später und sind zitronengelb. Der Stängel des Ackersenfes ist behaart, der der Winterkresse ist hingegen glatt.

Standort
Die Winterkresse mag Licht und offene Landschaften. Sie ist in der Lage, umgehend nährstoffreiche Böden einzunehmen, sobald diese eine Weile brachliegen. Ansonsten findet man sie gerne entlang von Äckern und Weiden. Sie kommt jedoch auch dort zurecht, wo es hager und trocken zugeht. Die Winterkresse ist fast überall in Deutschland verbreitet.

Knospen in der Spitztüte

- › **Knospen der Winterkresse (etwas vom Stiel kann mit dabei sein)**
- › **1 Knoblauchzehe**
- › **1 EL Butter**
- › **2 EL Crème fraîche**
- › **Salz, weißer Pfeffer**
- › **dünne Scheiben geräucherter Schinken**
- › **Parmesan**

Winterkresse blanchieren. Knoblauch zerdrücken, in Butter andünsten, Kresse zugeben. Crème fraîche hinzugeben, salzen, pfeffern. Etwa 2 TL der Mischung auf eine Scheibe Schinken geben und diese zu einer Spitztüte rollen. Reichlich mit Parmesan bestreuen.

Falscher Spargel

Mit etwas gutem Willen kann die Winterkresse als Miniaturspargel gelten. Den oberen Teil des Stängels mit Knospen und Blättern abpflücken. Größere Blätter entfernen. Die Pflanze 3–5 Minuten in leicht gesalzenem Wasser gar kochen. Mit einer milden Sauce Hollandaise servieren, die den delikaten Geschmack nicht überdeckt. Viel Grünes wird in Kombination mit einer Kalorienbombe erst richtig gut!

Giersch *Aegopodium podagraria*

Man kann ihn jäten, spritzen, aus- und untergraben: er kommt wieder – strotzend vor Lebenskraft! Von allen Gartenbesitzern verhasst, ist er dennoch ein beliebter Frühlingsbote für diejenigen, die sich nach schmackhaftem jungem Grün sehnen.

Wo sich der Giersch einmal eingewurzelt hat, ist er so leicht nicht mehr zu vertreiben. Die Ausläufer der stark wuchernden Wurzeln bilden Kolonien im Boden, die wie Schlangennester aussehen. Sollten Sie sehen, dass der Giersch versucht, Ihren Garten zu erobern, essen Sie ihn am besten augenblicklich.

Die Römer haben ihn als Gemüse zu uns über die Alpen gebracht. Im Mittelalter und auch später wurde er in den Klostergärten als Gemüse und Heilpflanze angebaut. Sein lateinischer Name *podagraria* deutet darauf hin, dass er zur Linderung von Gicht (=Podagra) und Arthritis verwendet wurde. Man nannte den Giersch daher auch Zipperleinskraut.

Ehrlicherweise muss man einräumen, dass der Giersch nicht der größte kulinarische Genuss unter den Wildkräutern ist, aber er schmeckt nach Frühling und Vitaminen! Sein Charme liegt darin, dass er frühzeitig auftaucht, wenn das Hellgrün noch so verführerisch auf uns wirkt. Seine zarten Blätter können roh genossen werden und enthalten reichlich Vitamin C.

Sie schmecken am besten, wenn sie blutjung gepflückt werden, noch bevor sie gänzlich entfaltet sind. Sie glänzen dann ein wenig und sind noch etwas gelblicher als die älteren Blätter. In diesem Stadium sind sie eine frische und köstliche Einlage in Salaten, mild und fein im Geschmack und noch nicht zäh.

Probieren Sie auch einmal, die Blätter klein zu hacken und über gekochte Kartoffeln zu streuen. Man kann sie wunderbar zum Bestreuen und Dekorieren anstelle der üblichen Küchenkräuter verwenden. Sie verleihen dem Essen im Winter durch Farbe und Aroma einen Hauch von Frühling. Es empfiehlt sich daher, mehr zu pflücken, als Sie an einem Tag benötigen.

Später in der Saison wird der Giersch strenger im Geschmack und zäher in seiner Konsistenz. Dann kann er aber immernoch blanchiert, in Butter gedünstet oder in Suppen und Pürees zusammen mit anderen Wildkräutern oder gekauftem Gemüse verwendet werden.

Von der Pest zum Pesto

- **100 g Löwenzahn- und Gierschblätter (ohne Stiele)**
- **100 g Parmesan**
- **100 g Pinienkerne**
- **2 große Knoblauchzehen**
- **100 ml Olivenöl**
- **1 TL Salz**

Blätter waschen und trocknen. Zusammen mit Parmesan, Pinienkernen und Knoblauch in der Küchenmaschine zerkleinern, bis eine gleichmäßige Masse entstanden ist. Olivenöl und Salz hinzufügen. Pesto immer luftdicht verschlossen aufbewahren, damit es sich nicht verfärbt. Es kann zu Nudelgerichten gereicht werden, sehr gut dazu passen Hähnchenfiletstreifen, die in Sojasauce und Balsamico-Essig mariniert und anschließend gebraten werden.

Merkmale
Die jungen Blätter liegen in einer rotlila Knospe. Bis sie sich entfalten, ist der Stängel niedergebeugt. An jedem Stängel sitzen ein Paar Seitenblätter und ein dreigeteiltes Endblatt. Die Blüten sind weiß und bilden eine Dolde. Die Pflanze kann bis zu 1 m hoch werden.

Standort
Der Giersch liebt nährstoffreiche, frische Böden und verdrängt die meisten schwächeren Pflanzen, wenn er die Gelegenheit dazu hat. Er ist ein Kulturfolger und hat sich mit der Landnutzung verbreitet. Man findet ihn an fast allen Standorten im ganzen Land.

Löwenzahn *Taraxacum officinale*

Auch Löwenzahn gehört wie Giersch zu den eher unbeliebten Gartenkräutern. Gehen Sie daher zum Angriff über und freuen Sie sich auf frühlingshafte Geschmackserlebnisse. Pflücken Sie nur die zartesten Blätter. Den Rest können Sie beim Jäten mit einem kräftigen Unkrautstecher ausstechen.

Unkraut vergeht nicht, sagt man. Aber was ist ein Unkraut? „Eine Pflanze, deren Vorzug man noch nicht erkannt hat“, schreibt der amerikanische Dichter und Philosoph Ralph Waldo Emerson. Jetzt, zweihundert Jahre später, müsste es heißen: Eine Pflanze, deren Vorzug man einst kannte, welcher aber in Vergessenheit geriet.

Aber noch ist es nicht zu spät, um altes Wissen wieder zum Leben zu erwecken. Löwenzahn schmeckt gut und ist gesund – teils wegen des hohen Gehalts an Vitamin B und C in den jungen Blättern, teils wegen der vielen Bewegung an der frischen Luft, bis man genug zusammen hat für einen herrlichen Salat aus diesem doch so widerspenstigen Kraut.

Obwohl er so unbeliebt ist, hat der Löwenzahn viele Namen erhalten. „Pusteblume“ ist naheliegend, betrachtet man das letzte Fruchtstadium. „Kuhblume“ verweist auf die Bedeutung als Viehfutter. „Speckkraut“ oder „Butterblume“ deuten auf die einst übliche Kombination von Löwenzahnsalat mit herzhaften Saucen hin. Seine harntreibende Wirkung spiegelt sich in „Pissblume“ oder „Bettnässer“ wider.

Auch sonst vollbrachte der Löwenzahn Wunderwerke. Arabische Ärzte verwendeten ihn bereits im 12. Jahrhundert gegen Augenkrankheiten. Für die Verdauung sollte er gut sein, ebenso als blutreinigendes Mittel. Der dänische Arzt Henrik Smid empfahl ihn im 16. Jahrhundert bei Fieber, Husten, Geschwüren und Magenschmerzen.

Auch für den Milchsaft fanden die Menschen einen ganz speziellen Gebrauch. Heute wissen wir nur noch, dass er hässliche braune Flecken auf Kleidung und Haut hinterlässt. Einst aber hieß es, dass derjenige, der sich mit dem Milchsaft wusch, unwiderstehlich wurde und alles erreichen konnte. Vergleichbar mit einer Reklamekampagne für Rasierwasser heutzutage.

Wenn Sie einmal auf Löwenzahn-Blättern gekaut haben, haben Sie diese vielleicht als bitter empfunden. Aber gemischt mit milden Aromen schmecken sie hervorragend. Viele neue und raffinierte Salatsorten enthalten ähnliche Bitterstoffe. Mögen Sie Endivien-, Radicchio- und Rucola-Salat, werden Sie bestimmt auch die natürliche Alternative genießen.

Über Geschmack lässt sich bekanntlich streiten. In Frankreich baut man Löwenzahn zum Verkauf an, bleich und nur leicht bitter. Wenn Sie viel Löwenzahn im Garten haben, bedecken sie die Rosetten selbst einmal mit einer Plane oder einem Eimer, sodass kein Sonnenlicht hindurchdringt. Ansonsten werden nur die jungen, hellgrünen Blätter gepflückt. Die kleinsten Blätter im Inneren der Rosette haben den mildesten Geschmack und die zarteste Konsistenz.

Haben Sie noch mehr Energie zum Jäten übrig? Die Wurzeln sind, geröstet und gemahlen, ein nährstoffreicher und anregender Kaffeeersatz. Aber vielleicht sind sie mehr für Krisenzeiten geeignet als für uns heutige Kaffeehausgänger.

Merkmale
Die Blätter sind zwischen 5–20 cm lang. Meist sind sie an den Rändern grob gezähnt. Einige sind tief bis an den kräftigen Mittelnerv eingeschnitten, während andere einen fast glatten Rand haben. Aber immer wachsen sie in Rosetten, mit einem gelben Blütenkorb in der Mitte

Standort
Löwenzahn liebt nährstoffreichen Boden und ist in Gärten, Parkanlagen, auf Weiden und entlang von Straßen und Wegen zu finden. Er wächst im ganzen Land bis hinauf in die Bergregionen. Die Art ist in viele Formen und Unterarten unterteilt, die alle essbar sind.

Wildkräutersalat

- zarte Blätter von Löwenzahn und Giersch
- Eichblatt-, Kopfsalat oder Lollo rosso
- säuerliche Äpfel
- Haselnüsse
- Rosinen
- Crème fraîche
- Dijon-Senf
- Salz
- Schinkenspeck

Dieser Salat spielt mit der Balance zwischen den vier Geschmacksrichtungen salzig, sauer, süß und bitter. Verwenden Sie gleiche Anteile von Löwenzahn, Giersch und grünem Salat. Äpfel, Nüsse und Rosinen bringen Säure und Süße. Crème fraîche, Senf und Salz zu einem Dressing verrühren. Knusprig gebratenen Schinkenspeck abschließend darüberstreuen.

Brennnessel *Urtica dioica*

Leiden Sie an Frühjahrsmüdigkeit, könnten einen Energieschub gebrauchen? Vergessen Sie die teuren Mittelchen – gehen Sie hinaus und sammeln Sie Brennnesseln. Diese stecken voll wichtiger Mineralstoffe und Vitamine von A bis D. Gesundheit auf Stängeln!

Wer einen Brennnessel-Standort kennt, zu dem er im Frühling gehen kann, kann sich glücklich schätzen. Brennnesseln sind nicht besonders anspruchsvoll und man kann sie daher nahezu überall finden. Aber die größten Vorkommen sind dort, wo der Boden besonders stickstoffreich ist, denn das lieben sie.

Das Brennnessel-Pflücken ist eine herrliche Art und Weise, den Frühling zu feiern. Man muss hinaus, sobald sich die neuen, zarten Triebe zeigen, dann gehören die Brennnesseln zu den schmackhaftesten Rohwaren der Natur. Später haben sie viele zähe Fasern. Sie sind so faserig, dass man sie früher zu Garn versponnen und dann zum Weben verwendet hat. Brennnesseln sind wahrscheinlich die ersten Pflanzen, die in Europa versponnen wurden. Die Stängel wurden zum Faulen in den Bach gelegt, dann hat man die bastartigen Fasern gebündelt, geklopft, gekämmt und versponnen. Noch immer wird daraus der

Stoff für Leinenhemden oder auch feinster dünner „Nesselstoff" gewebt. Dieser feine Stoff wurde früher ausschließlich für die besten Halstücher verwendet.

Zum Sammeln der Brennnessel sind Handschuhe ratsam. Am besten bereits benutzte Gartenhandschuhe mit Lederbesatz in den Handflächen. Gummihandschuhe werden schnell klamm und unangenehm. Auch geschlossene Schuhe und lange Hosen sind von Vorteil. Nur die oberste Spitze mit einem oder zwei Blätterpaaren wird abgeknipst. Sehr zeitig im Frühjahr kann auch der oberste Teil des Stängels verwendet werden. Später werden nur noch die Blätter an der Spitze und die kleinen Seitentriebe in den Blattachseln gepflückt. Wenn die unscheinbaren, graugrünen Blüten erscheinen, ist die Brennnessel-Saison beendet.

Dass die Brennnessel einst eine der wichtigsten Heilpflanzen war, wurde nachvollziehbar, als die Wissenschaft dann später ihren Gehalt an Vitaminen und Mineralstoffen erforscht hatte. Im 16. Jahrhundert schrieb der dänische Arzt Henrik Smid: „Brennnesseln sind wohl nicht so hübsch wie die wohlriechenden Nelken, Veilchen und viele andere Blumen, aber als Heilpflanze betrachtet, übertreffen sie diese alle an Kraft und Tugend."

Diejenigen, die sie richtig einzusetzen wussten – Blatt oder Samen, gestoßen oder abgekocht, mit Honig oder Wein – hatten eine unübertroffene Universalmedizin. Sie sollte „den Magensaft reinigen und alle Würmer ebendort töten", alles von Darmverschlingung bis Engbrüstigkeit kurieren, vergiftete Wunden und Erfrierungen heilen, bei Asthma und Husten helfen, Haarwachstum fördern und die Flöhe vom Bettstroh verjagen.

Wurde die Gicht allzu lästig, schlug man sich mit Brennnesseln. Schmerzen sollten Schmerzen vertreiben. Und tatsächlich mag etwas an diesem

Ratschlag dran sein, denn Brennnesseln enthalten Histamin und Acetylcholin, die an der Reizleitung beteiligt sind und eine gewisse Linderung herbeigeführt haben mögen. Aber Vorsicht: Brennnesseln können auch „die Lenden reinigen und wahrhafte Gelüste hervorrufen..."

Ob Brennnesseln andere Genüsse erhöhen oder nicht, sie sind auf jeden Fall der große Genuss unter den wilden Frühlingsgewächsen. Sie sind nicht nur, wie viele andere Kräuter, eine kleine grüne Einlage zum Menü – sie sind ein vollwertiges Gemüse. Sie sind der Spinat der Natur, aber mit einem wichtigen Unterschied: Zarte Spinatblätter können roh gegessen werden, tun Sie dies aber nie mit Brennnesseln!

Ansonsten muss man sich beim Verzehr nicht vor Verbrennungen fürchten. Die Brennhaare können uns wie winzige Spritzen stechen, aber nach dem Erhitzen werden sie weich, mild und harmlos und bereiten keinem Gast Verdruss. Eher im Gegenteil!

Es ist wichtig, die gesammelten Brennnesseln ordentlich zu säubern, denn es sind immer vertrocknete Gräser oder andere Pflanzen vom Vorjahr dazwischen. Grobe Stängel sollten Sie aussortieren und die Pflanzen mehrmals waschen. Ein wenig Essig vertreibt eventuelle Insekten. Leicht gesalzenes Wasser aufkochen und Blätter kurz blanchieren, bis sie in sich zusammenfallen. Abseihen und die Blätter gut ausdrücken. Nun ist der Rohstoff bereit und kann zu vielem verwendet werden: in Suppen, für Pürees oder auch nur gedünstet. Die Blätter können zu grüner Lasagne verarbeitet oder in knusprige Pastetenschalen gefüllt werden. Sie passen zu Fleisch, Fisch und Eiergerichten. Am besten schmecken die Brennnesseln aber zusammen mit fein gehackten Zwiebeln und Knoblauch in Butter angebraten, mit Salz, Pfeffer und ein wenig Muskat gewürzt und einem ordentlichen Klacks Crème fraîche. Diese Beilage passt herrlich zu Schinken und geräuchertem Fisch.

Haben Sie bei einem Ausflug mehr Brennnesseln gefunden, als Sie in dieser Saison essen können? Dann werfen Sie die Pflanzen nicht weg. Blanchiert lassen sie sich gut einfrieren und bleiben schmackhaft, bis im nächsten Frühjahr die neuen Triebe sprießen.

Merkmale
Berührt man die Blätter, so gibt es keinen Zweifel. Die Pflanzen werden bis zu 1 m hoch. Im jungen Stadium sind die Blätter oft gerunzelt und können einen lila Schimmer haben. Sie sitzen sich am Stängel paarweise gegenüber und haben deutlich gesägte Ränder.

Standort
Brennnesseln wachsen am liebsten auf nährstoffreichem Boden entlang von Wegen, Weiden und Äckern – wo auch immer es in der Kulturlandschaft nicht zu trocken ist. Sie sind im ganzen Land verbreitet und in den Bergen gerne in Nähe der Almen zu finden.

Brennnessel-Omelett

Brennnessel-Liebhaber brauchen die Pflanzen nicht zu zerkleinern. Es ist schön, sie noch zu erkennen. Die Füllung kann mit Mehl und Milch angerührt werden, aber ohne dies schmeckt man die Nesseln besser.

› 1 kleine Stange Lauch
› 1 Knoblauchzehe
› 6–8 Champignons
› Butter
› etwas Weißwein
› 200–300 g blanchierte Brennnesseln
› Crème fraîche
› 5 Eier
› Salz, weißer Pfeffer
› ½ TL getrockneter Estragon
› 7–8 EL Wasser

Lauch schneiden, Knoblauch hacken, Pilze in dünne Scheiben schneiden. In Butter und einem Schuss Weißwein weich dünsten. Brennnesseln blanchieren, abtropfen, hinzugeben. Mit Crème fraîche abbinden. Eier mit Gewürzen und 1–2 EL Wasser pro Ei verrühren. Bei schwacher Hitze Omeletts braten. Anfangs rühren, dann mit Deckel fest werden lassen.

Frühjahrsgrün aus dem Wok

Das Beste, was Sie an grünem Gemüse kennen, mischen. Auch Paprika, Stangensellerie und kleine Steckrüben können darunter sein. Nach Belieben Brennnesseln hinzufügen. Dazu noch ein gutes Brot, vielleicht ein wenig Fisch oder Fleisch, und fertig ist eine komplette Mahlzeit.

› 4–5 TK-Garnelenschwänze (pro Person)
› Olivenöl, Knoblauch, Saft einer ½ Zitrone, süße Chilisauce
› 1 Zucchini
› 80 g Zuckererbsen
› 2 Frühlingszwiebeln
› 2 Knoblauchzehen
› 200 g blanchierte Brennnesselblätter
› Salz, Pfeffer

Garnelen auftauen. Mit Öl, zerdrücktem Knoblauch, Zitrone und Chilisauce marinieren. Gemüse klein schneiden und in Öl weich dünsten. Brennnesseln blanchieren, untermischen und würzen. Die Krabben auf Grill- oder Holzspieße stecken und so lange grillen, bis sie gerade rot werden.

Kümmel *Carum carvi*

Ein Kraut sticht aus allen Wildkräutern hervor. Sein Geschmack ist etwas Besonderes. Holen Sie das alte Taschenmesser heraus, denn es ist Zeit für ein fröhliches Frühlingsritual: das gemeinsame Kümmelstechen.

Entlang der Wege, Straßen, Äcker und Wiesen wächst genug Kümmel, um sowohl Frühlings- als auch Herbstgerichten Geschmack zu verleihen. Zuerst mit den grünen Blättern, später mit aromatischen Samen. Wer die köstlichste Frühlingssuppe mit Kümmel essen möchte, muss seinen Blick gut schärfen, sich niederknien und am Boden entlangpirschen.

Wir sagen es gleich: Kümmel ist für den Anfänger nicht die einfachste Pflanze. Es ist nicht leicht, den Überblick über die zahlreichen Mitglieder der Kümmelfamilie zu behalten. Oft genug wird er mit Wiesenkerbel verwechselt. Zur großen Enttäuschung, denn Wiesenkerbel ist recht fade. Kümmel kann ebenso leicht mit Schafgarbe verwechselt werden. Sie hat zwar einen intensiven Geschmack, aber dieser ist zu durchdringend, um sie wie Kümmel einzusetzen. Mit der Nase kann man den Kümmel gut entlarven. Zerreiben Sie einige Blätter, riechen Sie daran, und schon hat sich das typische Kümmelaroma im Gedächtnis festgesetzt.

Wenn Sie keinen erfahrenen Kümmel-Kenner haben, der Sie auf Ihrer ersten Tour begleitet, so schauen Sie gründlich in einem Bestimmungsbuch nach. Gute Bücher zur Pflanzen- oder Pilzbestimmung sind ohnehin zu empfehlen.

Zur Kümmel-Ernte benötigt man ein Messer. Dies sollte kein Schmuckmesser sein, sondern eines, das wir etwas derber einsetzen können. Die Blattrosetten der Pflanzen werden im Boden gleich am Wurzelansatz abgeschnitten. Hat man erst eine Rosette vom Kümmel gefunden, so sind oft mehrere in der Nähe. Und das ist gut, denn man braucht eine ganze Menge für ein Püree oder für eine Suppe.

Merkmale
Kümmelblätter wachsen in deutlichen Rosetten. Sie breiten sich flach am Boden aus, wenn keine größeren Pflanzen um sie herum wachsen. In höherer Vegetation strecken sie sich mehr in die Höhe. Die gefransten Blättchen stehen paarweise am Mittelnerv. Die weißen Blütendolden besitzen mitunter einen rosa Schimmer.

Standort
Kümmel wächst gerne an hellen und offenen Standorten. Er ist ein Kulturfolger und wächst entlang von Weiden und Äckern, auf Wiesen und an Wegrändern, wenn er nicht auf zu intensive Konkurrenz durch andere Pflanzen stößt. Die Pflanze ist im ganzen Land verbreitet.

Kümmelkohl

- **100 g ganze Kümmelblätter**
- **1 EL Butter**
- **1 Knoblauchzehe**
- **Crème fraîche**
- **Salz, Pfeffer**

Ist der Kümmel jung und weich, können Sie die Blätter unzerteilt servieren. Pflücken Sie nur die Blätter im Inneren der Rosette. Blattstiele entfernen und Blätter ein paar Minuten in leicht gesalzenem Wasser blanchieren. Gut abtropfen lassen. Butter schmelzen, Knoblauch zerdrücken und mit den Blättern in der Butter leicht andünsten. Crème fraîche unterrühren. Nach Geschmack salzen und pfeffern. Das Gemüse kann zu Schweinefilets gereicht werden, serviert mit gegrillten Tomaten und selbst gemachtem Püree aus Kartoffeln und Selleriewurzel. Später in der Saison wird der Kümmelkohl gehackt und ein traditionelles Püree mit viel Sahne hergestellt.

Frühlingssuppe

- **750 g Kartoffeln, geschält und gewürfelt**
- **3 Knoblauchzehen**
- **1 große Stange Lauch, in Ringe geschnitten**
- **Butter**
- **ca. 400 g gehackte Kümmelblätter**
- **100 ml Milch, 100 ml Sahne**
- **Hühnerbrühe**
- **Salz, weißer Pfeffer**
- **Crème fraîche**
- **Schinkenstreifen oder Krabben**

Kartoffeln, zerdrückten Knoblauch und Lauch in Butter andünsten. Mit Wasser bedecken und Kartoffeln weich kochen. Den Sud abseihen und aufheben. Das Gemüse mit einem Stabmixer pürieren, zurück in den Topf geben und mit dem Sud verrühren. Kümmelblätter hinzugeben und einige Minuten köcheln lassen. Milch und Sahne hinzugeben. Mit Hühnerbrühe, Salz und Pfeffer abschmecken. Crème fraîche, Schinkenstreifen oder Krabben je nach Vorliebe hinzufügen. Kleiner Tipp: Finden Sie nicht genug Kümmel, ergänzen Sie ihn mit Brennnesseln. Muss es schnell gehen, können Sie gehackten Kümmel mit einer fertigen Lauchsuppe aus der Tüte aufkochen.

Berg-Ulme *Ulmus glabra*

Eine Ahnung von Nussgeschmack, ein winziger Kern, eine hellgrüne Hülle, so frisch wie ein feiner Salat: „Flügelnüsse" nennt man die Früchte der Berg-Ulme botanisch. Wenn man sie nicht festhält, so fliegen sie davon.

Im Frühjahr überrascht uns die Berg-Ulme bereits mit ihren reifen Samen. Später im Sommer werden die geflügelten Nüsschen vom Wind davongetragen. Sie liegen dann in großen Mengen an den Straßenrändern, und der eine oder andere mag schon einmal durch sie hindurchgewatet sein. Früh im Mai sind die Samen aber am saftigsten. Dann kann man sie noch für Salat ernten. Später, wenn sie trocken sind, röstet man sie in Öl und verwendet sie mit Salz bestreut an Stelle von Pinienkernen. Aber auch gezuckert schmecken sie zu Fruchtdesserts.

Doch wie soll man die Samen hoch oben in einem Baum finden, den man kaum kennt? Nehmen Sie die Herausforderung an: Die Ulme ist leicht an ihren großen, groben Blättern zu erkennen. Mit geschärftem Blick kann man sich im Laubwald auf die Suche begeben.

In schwierigen Zeiten war die Ulme allen lieb und teuer. Denn eine bessere Borke gab es weder für den Menschen noch für das Vieh. Sie wurde als Viehfutter verwendet oder man streckte bei Bedarf das Mehl zum Brotbacken damit. Wurde die Borke vorsichtig auf der Nordseite des Baumes entfernt, konnte der Baum weiterleben, ohne Schaden zu nehmen. Die Ulme war wertvoll, wurde gehegt und mit Respekt behandelt.

Heute bieten die Ulmen vielerorts aufgrund des Ulmensterbens einen traurigen Anblick. Die Krankheit wird durch einen mikroskopisch kleinen Pilz ausgelöst, der über Käfer verbreitet wird. Der Pilz verstopft die Leitungsbahnen, sodass die Bäume welken und schließlich vertrocknen. Aber keine Sorge, es gibt Ulmensamen in so großen Mengen, dass wir uns bedenkenlos eine Handvoll für den folgenden Salat mit nach Hause nehmen können.

Flügelnuss-Salat

- **grüne, saftige Ulmensamen**
- **grüner Salat**
- **Nussöl**
- **Weißweinessig**
- **Salz, Pfeffer**
- **Zucker**
- **etwas französischer Senf**
- **1 Avocado**
- **Blauschimmelkäse**
- **Haselnüsse, gehackt und geröstet**

Stiele der Samen entfernen. Wenn nötig, die Samen waschen, danach gut abtrocknen. Etwas mehr Salat als Samen zupfen und beides miteinander vermischen. Ein Dressing aus drei Teilen Öl und einem Teil Weißweinessig anrühren. Mit Salz, Pfeffer und einer Prise Zucker abschmecken. Eventuell etwas hellen, französischen Senf zugeben, nicht zu viel, sonst überdeckt er die anderen Zutaten. Blauschimmelkäse zerkrümeln, gehackte Haselnüsse in der Pfanne rösten. Avocado zerteilen und mit den übrigen Zutaten anrichten.

Merkmale
Die Samen sitzen dicht an dicht an den Zweigspitzen. Sie sehen aus wie kleine Kreise aus hellgrünem Seidenpapier mit einem Punkt in der Mitte. Die Blätter sind bis zu 15 cm lang, und grob gesägt. Die Oberseite ist rau, die Unterseite hat deutliche hervortretende Nerven. Der Baum kann sehr hoch werden und hat eine ausladende Krone.

Standort
Die Berg-Ulme steht im lichten Edellaubwald, wird aber auch häufig in Parks gepflanzt. Sie bevorzugt nährstoffreiche Böden. Durch ihre langen Wurzeln erhält sie aber auch an mageren Standorten genügend Nähstoffe. Sie bevorzugt schattige feuchte Standorte und ist im ganzen Land verbreitet.

Traubenkirsche *Prunus padus*

Wenn die Traubenkirsche mit ihrer weißen Blütenpracht weit sichtbar am Waldrand leuchtet, können sich die Kinder freuen: Endlich wird es warm und sie dürfen wieder mit nackten Beinen herumlaufen!

Die Schönheit einer blühenden Traubenkirsche kann sich mit der Schönheit blühender Ziersträucher im Garten ohne Weiteres messen. Kurz vor der Blüte ist jede Blütentraube mit kleinen Knospen besetzt, die aussehen wie runde, weiße Perlen. Doch die Schönheit der Blüte ist nur von kurzer Dauer und man muss sie genießen, solange sie am schönsten ist.

Die Blüten verströmen einen betörenden Duft. Er ist durch den Gehalt von Bittermandelölen charakterisiert und trägt eine typische, marzipanähnliche Note. In geringen Dosen ist das Bittermandelaroma ein raffinierter Geschmack. In größeren Dosen ist es jedoch schädlich. Wenn man aber dem Essen einfach nur einen Hauch des Traubenkirschen-Aromas verleiht, besteht kein Grund zur Sorge.

Die Zweige von Traubenkirschen wurden früher zum Schutz vor Dieben und Hexen verwendet. Man schnitt sich Donnerstagnacht schweigend einen Zweig ab, band ihn sich um den Leib und begab sich zum Kirchplatz. Auf diese Weise konnte man alle dort versammelten Hexen sehen. Wollte man unsichtbar sein, sollte man ein Kreuz aus Zweigen auf der nackten Haut tragen. Die Borke wurde häufig als Heilmittel verwendet. Sie kurierte alles, von Brandwunden und Geschwüren bis zu Verstauchungen, Schlangenbissen oder Gicht.

Mitunter findet man die Traubenkirsche eingehüllt in ein graues Gespinst. Dann haben sich Mottenlarven über den Baum hergemacht. Es scheint der Traubenkirsche aber nicht allzu sehr zu schaden, denn im nächsten Frühjahr erstrahlt sie wieder in ihrem prächtigen weißen Kleid.

Blüten-Essig von Traubenkirschen

- **gerade geöffnete Traubenkirschenblüten**
- **Weißweinessig**
- **milder Weißwein**

Saubere Blüten pflücken, damit sie nicht abgespült werden müssen. In ein dicht schließendes Glas legen, mit Essig und etwas Weißwein bedecken. Mindestens zwei Wochen ziehen lassen, dann erst die Flüssigkeit abseihen.

Merkmale
Blütentrauben sitzen verteilt an dünnen, weichen Zweigen. Jede Blüte hat 5 weiße Kronblätter, die um einen grüngelben Nektarbecher herumsitzen. Der intensive Duft erinnert an Bittermandeln.

Standort
Die Traubenkirsche ist im ganzen Land verbreitet. Sie bevorzugt helle feuchte Standorte an Wegen, Wasserläufen und an Waldrändern.

Sauerklee *Oxalis acetosella*

Drei hellgrüne Herzen an der Spitze eines Stiels, zarte Blüten mit zierlichen, weißen Kleidern und helllila Streifen – für den, der ganz genau hinschaut, ist der Sauerklee eine Zierpflanze.

Anmutig und doch bescheiden wirkt der Sauerklee, wenn er sich in weichen, hellgrünen Teppichen im dunklen Fichtenwald ausbreitet. Er wird auch „Waldbarometer“ genannt. Falten sich seine Blätter am Tag zusammen, steht ungemütliches Wetter bevor. Beugen sich die Blüten hinunter, ist freundliches Wetter zu erwarten. Glück hat der, der eines der selteneren Exemplare mit vier Blättern findet. Die Person soll einen Wunsch frei haben dürfen.

Wie Rhabarber und Sauerampfer enthalten Blätter und Blüten des Sauerklees Oxalsäure. Sie ist in kleinen Mengen sehr bekömmlich, in großen Mengen jedoch ungesund. Gegen ein paar erfrischende Blätter auf einem Spaziergang ist jedoch nichts einzuwenden. Zuhause gibt er frühlingshaften Speisen eine besondere Note. Auge und Gaumen erfreuen sich gleichermaßen an Sauerklee in grünem Salat, frischem Obstsalat oder als Dekoration auf den verschiedensten Speisen. Und stellen Sie sich einen weichen, dunklen Schokoladenkuchen vor, der mit Blüten und Blättern in säuerlichem Kontrast zu all dem Süßen bestreut ist.

Cross-over-Couscous

- **2 Hände voll Sauerklee**
- **½ rote Zwiebel**
- **1 Knoblauchzehe**
- **¼ Gurke**
- **1 EL Öl**
- **Salz**
- **250 g Couscous**
- **Limone**
- **grobes Salz**

Sauerkleeblätter von den Stängeln abzupfen. Zwiebel und Knoblauch fein hacken, Gurke in kleine Würfel schneiden. Wasser mit Öl und Salz zum Kochen bringen, Couscous hinzugeben, nochmals aufkochen und quellen lassen. Zwiebel und Knoblauch untermischen, solange das Couscous noch warm ist. Abkühlen lassen, bevor Gurke und Sauerklee zugefügt werden, da sich diese bei Wärme unschön verfärben. Das Gericht wie kalten Salat an einem warmen Tag oder als Beilage zum Hähnchen servieren. Am Tisch frische Limone und grobes Salz darübergeben. Zu diesem Essen kann auch Sauerampfer verwendet werden. Ein wenig Minze darüber ist ebenfalls schmackhaft.

Merkmale
Die 3 Blätter an der Spitze der Stängel erinnern an Klee. Aber beim Sauerklee haben sie eine schöne Herzform, sind heller und dünner. Auf der Oberseite haben sie kleine Seidenhaare. Die Stängel sind rot. Die Blüten stehen auf dünnen, graziösen Stängeln über den Blättern. Sie haben 5 weiße Kronblätter mit schönen rosalila Adern darin.

Standort
Sauerklee wächst in Laub- und Nadelwäldern. Er umgeht dort die Konkurrenz kräftiger wachsender Pflanzen und braucht nur wenig Sonne. Er kann dichte Teppiche ausbilden, die in einem dunklen Fichtenwald hell aufscheinen. Er ist im Wald im ganzen Land verbreitet, außer in den trockensten Kiefernwälder.

Sauerampfer *Rumex acetosa*

Es kitzelt ein wenig, wenn man auf die kleinen, frischen Sauerampferblätter beißt. Aber es kitzelt angenehm. Der Sauerampfer ist ein Appetitanreger, der einem buchstäblich das Wasser im Munde zusammenlaufen lässt.

Damit Kinder mit auf Tour gehen, ist es wichtig zu wissen, wo Naschereien wachsen. Statt saure Fruchtgummis am Kiosk zu kaufen, könnte man auf eine Wiese gehen. Dort findet man Sauerampfer, eine Nascherei, die man „saure Pfeile" nennen könnte, da es die Pfeilform der Blätter ist, an der man den Sauerampfer erkennt.

Wie bei allen Süßigkeiten gilt auch hier die goldene Regel: Weniger ist mehr. Der angenehme saure Geschmack stammt von der Oxalsäure. Sie ist in großen Mengen unbekömmlich. Aber hier geht es nicht um große Mengen. Außerdem wird die Säure durch Blanchieren und in Kombination mit Milch und Sahne in Suppen, Püree oder Saucen abgemildert.

Mit unserem Wissen über die Säure wundert man sich über die Empfehlungen in den alten Büchern. Henrik Harpestreng, der Verfasser des ältesten dänischen Arzneibuches aus dem 13. Jahrhundert, empfiehlt sie bei Zahnschmerzen und zur Stärkung des Magens. Auch Henrik Smid, Leibarzt des dänischen Königs Christian II., empfiehlt sie bei Magenkrankheiten, und einen Absud aus Blättern zur Reinigung der Nieren sowie zur Heilung der Gelbsucht.

Es steckt dann doch mehr Vernunft in der Volksmedizin, die Sauerampfer bei Skorbut einsetzte. Viele frische grüne Kräuter sind auf diese Weise genutzt worden und haben sicher manch ein Gebiss durch ihren Gehalt an Vitamin C gerettet. Blutreinigend soll der Sauerampfer auch sein. Kurios klingt seine Wirkung auf „Würmer im Haar". Wie gut, dass wir heutzutage unwissend über so manches frühere Leiden sind!

Umso bewusster sind wir beim Genießen! Und den Sauerampfer kann man vielfältig genießen. Das Säuerliche kontrastiert elegant zu gehaltvollem Fisch. Köstlich ist ein Zusammentreffen von Sauer und Süß in Desserts. Einige frische Blätter setzen einem Salat oder anderer Rohkost die Krone auf. Es gilt ein Gleichgewicht zwischen süß, sauer und salzig zu schaffen, um eine vollendete Geschmacksharmonie zu erhalten.

Merkmale
Die Blätter des Sauerampfers haben eine schöne Form. In der Literatur sind sie als pfeilförmig beschrieben. Bevor die Blüten erscheinen, bilden die gestielten Blätter eine Rosette. Die Stängelblätter sind dagegen ungestielt. Die Blüten sind zuerst knotige, graugrüne Rispen, die sich dann rötlich verfärben und zu rostroten Büscheln aufspringen. Der Geschmack ist am feinsten im frühen Stadium. Der Sauerampfer hat viele Verwandte. Sein kleinerer Verwandter, der kleine Sauerampfer, kann ebenso in der Küche verwendet werden. Die größeren essbaren Arten sind mit mehr Vorsicht zu genießen.

Standort
Der Sauerampfer liebt die guten Böden saftiger Wiesen und Weiden. Er benötigt eine gute Wasserversorgung, mag aber kein stehendes Wasser. Er ist im ganzen Land verbreitet.

Makrele auf Mai-Salat

- **1 Jungmakrele**
- **Blätter vom Sauerampfer**
- **Mehl, Salz, Zitronenpfeffer**
- **Öl, Margarine**
- **grüner Salat**
- **Frühlingszwiebel**
- **Vinaigrette**
- **Zitrone**

Makrele waschen, gut trocknen und einige Schnitte in die Haut ritzen. Ein wenig Salz und Pfeffer in den Bauch streuen und mit gehackten Sauerampferblättern füllen. Mehl mit Salz und Zitronenpfeffer mischen und den Fisch darin wenden. In Öl und Margarine knusprig braten. Salat zupfen, Frühlingszwiebel fein schneiden und zarte Blätter des Sauerampfers untermischen. Vinaigrette beim Servieren über den Salat verteilen.

Sonnenscheinsuppe

Verführerisch kühl und säuerlich – die Suppe für den ersten Vorsommertag!

- **1 l Gemüsebrühe**
- **2 Schalotten**
- **2 große Avocados**
- **200 g Sauerampferblätter (ohne Stiel)**
- **Zitronensaft**
- **250 ml Naturjoghurt**
- **Salz, gemahlener Pfeffer**
- **einige Tropfen Tabasco**

Gemüsebrühe abkühlen lassen. Zwiebel in der Küchenmaschine fein hacken. Avocadofleisch, Sauerampferblätter und ein wenig Zitronensaft hinzufügen und zu einem gleichmäßigen Mus verarbeiten. Mit der Brühe verquirlen. Joghurt einrühren und mit Salz, reichlich gemahlenem Pfeffer und evtl. einigen Tropfen Tabasco abschmecken. Suppe mit einer schönen Verzierung aus Joghurt im Teller servieren.

Purpur-Fetthenne

Sedum telephium

Manche kennen die Fetthenne als „Fettbäuchlein“ aus dem Märchen. Wenige kennen sie vermutlich als essbare Pflanze. Sie ist fleischig und schmackhaft und gute Gerichte gelingen mit ihr. Märchenhaft ist ihre Kunst, die Liebe vorherzusagen.

„Es war einmal ein altes Weib, das saß und buk. Sie hatte einen kleinen Sohn, der war so dick und aß so gerne, dass sie ihn Fettbäuchlein nannte.“ So beginnt ein Märchen, in dem ein Trollweib mit dem Kopf unter dem Arm und einem Sack auf dem Rücken kommt, um aus Fettbäuchlein eine Suppe zu kochen.

Wir ziehen es vor, die Purpur-Fetthenne roh zu essen, weich und knackig. Jedenfalls solange sie jung, säuerlich frisch und mild im Geschmack ist. Man kann die Vitamin C-reichen Blätter gehackt über Kartoffeln, als schöne Ergänzung in Salaten und als Verzierung auf einem Butterbrot verwenden. Ältere Blätter sollten in Butter gedünstet und Pürees und Suppen untergemischt werden. Denn sie werden, wie bei den meisten Wildkräutern, zäh und streng.

Kennt man die Rote Fetthenne noch nicht, so ist es leichter, sie später an den Blüten zu erkennen. Zahlreiche Sternblüten springen dann an den Blütenschirmen auf. Es ist nun zwar zu spät, die Blätter zu pflücken, aber merken Sie sich den Ort und kommen Sie nächstes Jahr etwas früher wieder dorthin. Für die Naturgourmets gilt es, zur rechten Zeit zur Stelle zu sein.

Fetthennen verdanken ihren Namen vermutlich den fleischigen Blättern. „Henne“ weist wohl auf die Vermehrungsweise mittels seitlicher Ableger (im Gärtner-Jargon „Henne und Küken“ genannt) hin. Einst waren sie dem Gott „Donar“ geweiht und wurden deshalb auch „Donnerkraut“ genannt. Sie sollten vor dem Blitzeinschlag schützen. Sie werden nach wie vor gerne zur Dachbegrünung eingesetzt.

Auf schwedisch hat die Fetthenne den poetischen Namen „Liebeskraut“ erhalten. Nach dem Volksglauben sollten zwei Pflanzen in das Haus frisch Vermählter gehängt werden. Beim Trocknen wandten diese sich entweder einander zu oder voneinander ab. So konnte Glück oder Zwietracht vorhergesagt werden.

In der Volksmedizin fanden sie mehr prosaischen Gebrauch. Der Saft sollte alles, von Brandwunden bis zu Hühneraugen heilen. Und sind diese Leiden erst fort, so kann man wohl glauben, dass die Liebe besser gedieh.

Merkmale
Purpur-Fetthennen werden 20–60 cm hoch und haben flache Blätter, die Wasser speichern können. Ihre Ränder sind etwas uneben und gezähnt, oft mit einem Rotschimmer. Die Blüten sind meist rosa bis lila und bilden dichte Schirme. Im Frühling sieht man die neuen Triebe oft zusammen mit den braunen, trockenen Blüten vom Vorjahr.

Standort
Fetthennen sind sehr genügsam. Da die Blätter als Wasserspeicher dienen, gedeihen sie auch auf trockenen und mageren Böden, auf Felsuntergrund, auf Mauern und Dächern. Sie sind im ganzen Land zu finden.

Purpur-Fetthenne à la Paris

- **grüner und roter Salat**
- **Purpur-Fetthenne**
- **Vinaigrette**
- **Weißbrot**
- **Chèvre (französischer Ziegenkäse)**
- **Pinienkerne**
- **flüssiger Honig**

Salat in große Stücke zerreißen, mit Fetthenne mischen und mit ein wenig Vinaigrette beträufeln. Eine Scheibe Weißbrot pro Person rösten, eine Scheibe Chèvre darauflegen und kurz überbacken. Der Käse soll nicht runterfließen. Pinienkerne in trockener Pfanne rösten und darüberstreuen. Wunderbar schmeckt ein wenig Honig auf dem Käse.

Fetthennen-Tatar

- **frisches Lachsfilet**
- **rosa Pfeffer, Limonensaft**
- **Purpur-Fetthenne (Blätter)**
- **Eigelb**

Lachsfilet schräg in hauchdünne Scheiben schneiden. Den Fisch dazu zuvor in Folie eingepackt ins Gefrierfach legen bis er fest, aber noch nicht gefroren ist. Scheiben mit grobem rosa Pfeffer bestreuen und mit Limonensaft beträufeln. Eine Weile ziehen lassen. Den Fisch wie eine Rose auf Fetthennenblättern anrichten und ein Eigelb in Schale in die Mitte setzen. Der rohe Fisch kann durch warm geräucherte Makrele ersetzt werden. Das ist weniger elegant, aber kräftiger im Geschmack.

Fetthenne mit Melone

- **Purpur-Fetthenne (Blätter)**
- **Honigmelone (Galia oder Cantaloupe)**
- **rote Zwiebeln**
- **8 Scheiben Katenschinken**

Melone mit Schinken ist eine klassische Vorspeise. Die Kombination aus salzig und süß ist delikat. Neu und interessant wird es, wenn scharf und säuerlich hinzukommen. Ganze Blätter der Fetthenne über den Teller verstreuen. Melone in dünne Scheiben schneiden und mit Zwiebelringen belegen. Schinken auf dem Teller arrangieren und nochmals mit Blättern bestreuen.

Engelwurz *Angelica archangelica*

Die Engelwurz ist eine alte Heilpflanze aus dem Norden. Alte Sagen erzählen von ganzen Engelwurz-Gärten, die ältesten Gärten im Norden. Die Wikinger könnten es vermutlich nicht glauben, dass heute kaum noch jemand diese Pflanze kennt.

Als die Wikinger einst Engelwurz auf ihren Handelsreisen mitnahmen, geschah dies nicht nur wegen ihres guten Geschmacks. Die Pflanze enthält Vitamin C, Eisen und andere Mineralstoffe und kurierte somit manches Leiden. Im ersten Kräuterbuch des Nordens aus dem 13. Jahrhundert erwähnt der Däne Henrik Harpestreng die Engelwurz als wichtige Heilpflanze. Im Mittelalter verließen ganze Schiffsladungen Engelwurz Norwegen, als die Pest über Mitteleuropa hinwegfegte. Plagte die Gicht, konnte Engelwurz lindern. Sogar vor bösen Beschwörungen konnte sie schützen, auf der nackten Haut getragen.

Der Name *archangelica* erinnert daran, dass ein Erzengel Mönchen die wundertätigen Wirkungen der Pflanze offenbarte. Engelwurz sollte den Magen stärken und den Appetit anregen, Krämpfe lösen und Halsschmerzen lindern. Sie soll die einzige Pflanze gewesen sein, die die Mönche aus dem hohen Norden in die südlichen Klostergärten mitbrachten. Noch heute ist sie Bestandteil von Klosterlikören wie Chartreuse, Bénédectine oder St. Hallvard.

Werden die Stiele zeitig im Frühjahr gepflückt, können sie geschält und roh gegessen werden, etwa so wie Stangensellerie. Die Stängel können auch eingeweckt oder in Zuckerlösung kandiert als Konfekt gegessen werden. Dies wird sogar im großen Larousse Gastronomique erwähnt. Das charakteristische Aroma kann in Alkohol herausgezogen werden, je nach Geschmack süß und schmeichelnd oder scharf.

Merkmale
Engelwurz kann über 2 m hoch werden. Die Blätter sitzen auf kräftigen, runden Stängeln. Die Blüten sind grünlichgelb und bilden große halbkugelige Schirme. Zuvor liegen sie dicht verpackt in einer kräftigen, aufgeblähten Hülle, welche ein charakteristisches Merkmal ist. Die sehr ähnliche Wald-Engelwurz kann an ihrem rinnenförmigen Blattstiel erkannt werden.
Vorsicht! Engelwurz darf nicht mit dem Wasserschierling, *Cicuta virosa*, verwechselt werden, der sehr giftig ist. Dieser hat weißere Blüten, flachere Blütenschirme und schmalere Blätter. Seine Wurzeln sind hohl. Eine weitere Verwechslungsgefahr besteht mit dem Bärenklau, dessen Saft Hautirritationen hervorruft.

Standort
Die Engelwurz wächst entlang von Fließ- und Stillgewässern und ist salztolerant. Sie braucht nährstoffreichen Boden. Sie ist zerstreut im ganzen Land, ihre Unterart *litoralis* besonders an den Küsten, verbreitet.

Engelwurz-Chutney

- › 300 g Engelwurz-Stiele
- › 1 Stange Rhabarber
- › 1 säuerlicher Apfel
- › 1 rote Zwiebel
- › 100 ml Apfelessig
- › 2 EL Sherry- oder Balsamico-Essig
- › 100 g brauner Zucker
- › 1 TL Salz
- › 2 große Knoblauchzehen
- › 1 Stück (2 cm) frischer Ingwer, gerieben
- › 3 Nelken
- › 3 Kardamomkapseln
- › 1 Msp. Chilipaste

Engelwurz-Stiele, Rhabarber und Apfel in feine Stücke schneiden und Zwiebel hacken. In einem Edelstahltopf mit Essig, Zucker, Salz und Gewürzen zerkochen lassen, bis die Konsistenz dicker Marmelade ähnelt. Schmeckt köstlich zu Currygerichten, aber probieren Sie es auch mal zu kräftigen Fleischgerichten.

Fichte *Picea abies*

Kribbelt es schon im Hals allein beim Gedanken an eine Kostprobe von einer Fichte? Keine Angst! Die neuen Triebe sind so weich wie Katzenpfötchen. Sie schmecken frisch, delikat und leicht säuerlich mit einer Spur von Harz.

Mögen Sie den Duft, der von einem Stapel frisch gefällter Fichtenbäume aufsteigt? Haben Sie im Urlaub Sinn für griechischen Retsina? Dann werden Sie auch den Geschmack junger, hellgrüner Fichtentriebe mögen. In der Volksmedizin wurden sie wegen ihres Vitamin-C-Reichtums bei Skorbut verabreicht. Es wird erzählt, dass Karl XII. die Gesundheit seiner Soldaten mit einem Absud von Fichte erhielt, während sie knapp an Nahrung Moskau belagerten.

Eher zweifelhaft ist die Kur, die der Botaniker Carl von Linné bei Kopfschmerzen durch Branntwein empfahl, ein verbreitetes Leiden aufgrund der Trinkgewohnheiten des 18. Jahrhunderts. Er verschrieb zerstoßene Fichtennadeln, die um den Kopf herumzulegen waren. Wer die Axt so in den Stamm setzte, dass Harz herauslief, sollte schnell seine Gliederschmerzen loswerden.

Der Brauch, zur Beerdigung mit Fichte zu schmücken, stammt noch aus der Römerzeit, entweder als Streu auf dem Boden oder als Kreuz auf dem Weg, den das Grabgefolge nahm. Noch immer ist es eine junge Fichte, die zum Richtfest zu den Wolken emporragt, und nichts ist wohl so schön und duftet so heimelig, wie eine Fichte, die für Weihnachten geschmückt wird.

Als Nahrung kann die Fichte vielfältig genutzt werden: Einfach die Jungtriebe pflücken und einem Salat zugeben. Ein wenig zerstoßen und als Tee im kochenden Wasser ziehen lassen, gewürzt mit einer Zimtstange und einigen Gewürznelken. Oder soll es etwas Frisches und Kaltes sein, dann lässt man den Geschmack zu einer waldfrischen Bowle in Weißwein und etwas Sprudelwasser herausziehen.

Fichtennadelöl

- **frische Fichtentriebe**
- **Speiseöl mit neutralem Geschmack**

Die jungen Triebe unter kaltem Wasser abspülen und in einem Handtuch trocken tupfen. In Gläser oder Flaschen mit weitem Hals einfüllen und mit Öl bedecken. Soll der Fichtengeschmack deutlich zu schmecken sein, sollte das Öl nur wenig Eigengeschmack haben. Die Mischung etwa drei Wochen ziehen lassen, bevor die Triebe abgeseiht werden. Das Öl bekommt einen delikaten Geschmack und ist wunderbar zum Dressing wie auch zum Braten geeignet. Es passt besonders gut zu Wild.

Merkmale
Die Fichte hat spitze, kantige Nadeln, die auf braunen Stielen sitzen. Die Zapfen hängen. Die Tanne hat an der Spitze eingekerbte, flache Nadeln, die direkt auf dem Zweig sitzen. Die Zapfen stehen. Die flachen Nadeln der Eibe sind oben dunkel und unten hell. Sie hat keine Zapfen.

Standort
Die Fichte ist die häufigste Baumart Deutschlands. Sie kommt natürlicherweise in den Mittelgebirgen und den Alpen vor, ist aber durch Anpflanzung weit darüber hinaus verbreitet. Sie siedelt auf frischen bis nassen Böden und bildet als Monokultur dichte dunkle Bestände.

Sommer

Das große Fest der Farben

Jetzt leuchten die Wiesen in allen Farben. Als hätte jemand mit einem Pinsel Tausende von kleinen Punkten ins Grün gesetzt: lila und gelb – Distel und Hornklee, Storchenschnabel und Butterblume. Rosa und blau – Klee und Glockenblume, Weidenröschen und Ehrenpreis. Es nickt, duftet und lockt von allen Stängeln und die Insekten lassen sich willig berauschen. Bald hat die Farbenpracht ihre Verführungskünste ausgespielt. Die Blüten haben dann ihren Dienst getan. Aber bis dahin wollen wir noch schauen, schnuppern und schmecken, uns in die Wiese legen und horchen, denn: Der Sommer summt!

Den Sommer erleben

Wer sich schweigend in der Johannisnacht hinauswagt, der soll Blüten mit magischen Kräften ernten können, sagt die Legende. Sie sind Komplizen bei dem Versuch, Schicksal und Liebe zu beeinflussen. Tragen Sie die Blüten bei sich, geben Sie sie zu Wein oder Speisen, oder legen Sie die Blüten einer geliebten Person unter das Kopfkissen.

Die Natur sichert ihre Nachkommenschaft unglaublich verschwenderisch, mit grenzenlosem Überfluss. Sie investiert in Millionen Blüten, die wiederum Milliarden Samen ansetzen, welche zu Tausenden Pflänzchen auskeimen. Und vielleicht wird es nur einem einzigen Keim von ihnen allen tatsächlich gelingen, Leben und Gene weiterzutragen.

Blüten und Bienen

Es ist erstaunlich, wie sich Pflanzen und Insekten in ihrem intimen Zusammenspiel miteinander entwickelt haben. Blüten können so speziell konstruiert sein, dass sie nur von einer einzigen Insektenart bestäubt werden können. Alle anderen Arten sind chancenlos. Nur die richtige Zunge oder der richtige Saugrüssel kann sich dem Nektar in den tiefsten Verstecken, den schmalsten Trichtern, in engen Urnen und tiefen Krügen nähern. So muss das sein. Denn nur so streifen Borsthaare und Beine an den richtigen Staubbeuteln vorüber und transportieren die winzigen Pollenkörner zu den richtigen Narben.

Je genauer wir hinschauen, desto größer wird die Bewunderung, wenn man die Entwicklung einer Knospe zur Blüte beobachtet. Zu Beginn sind die Kronblätter der Blüte kompliziert gefaltet wie eine schöne japanische Origami-Figur. Dann entfalten sie sich zu einer perfekt gestalteten Blüte, eine Konstruktion vollendeter Ingenieurskunst. Der Materialeinsatz ist dabei so exakt und elegant berechnet wie bei einem funktionalistischen Bauwerk: steif genug, um Samen und Früchte aufrecht zu halten, aber auch elastisch genug, um im Wind flattern zu können, ohne abzubrechen. Achten Sie auf Muster, Symmetrie und Geometrie der Blüten. Betrachten Sie die fliegenden Federkelche und die Sonnensysteme und Sternenformen der bunten Kronblätter. Achten Sie auf die zerbrechliche Stärke der Staubbeutel und die gewundenen Spiralen der Zapfen, die weiten Blütenschirme, die schlanken Spitzen. Es sind die üppigsten Formen des Barock und Rokoko bis zum Jugendstil. Sie müssen nur genau hinschauen, dann entdecken Sie es.

Ernten im Sommer

In der Sommerzeit ist es nicht das Ziel, große Mengen an Nahrung zu sammeln. Vielmehr sucht man nach einer dekorativen Garnitur für Salate, einem Blütenschmuck für Kuchen oder nach Nektar, der einer Bowle zum Sommerfest Geschmack verleiht.

Während Sie über eine Sommerwiese wandern, warten feine Köstlichkeiten im Gras auf Sie. Dazu gehört der Wiesenklee *(Trifolium pratense)*. Von Nahem betrachtet, sieht man, dass der kleine rote Kopf aus lauter feinen Blütchen besteht, die aussehen wie die von Erbsen – nur kleiner. Zupft man die Blütchen ab und lutscht daran, weiß man, warum sich Hummeln und Bienen auf den Blütenköpfen so wohlfühlen. Man kann die Blüten auch gut mitnehmen und für allerlei Teemischungen trocknen.

Auf Wiesen und an Böschungen wächst sehr häufig das Schmalblättrige Weidenröschen *(Epilo-*

bium angustifolium) in großen Mengen. Wunderschön sieht es aus, wenn es im Spätsommer seine rosa Blütenkerzen öffnet. Doch dann ist es für die Ernte schon zu spät. Sie erkennen es vor der Blüte an seinen rötlichen Stängeln. Außerdem besitzt es lange Blätter mit einem deutlichen Mittelnerv, die quirlig am Stängel angeordnet sind. Entfernen Sie die oberen Blätter und kochen Sie die Stängelspitzen als Miniaturspargel. Die Blätter können auch sehr gut getrocknet in Teemischungen verwendet werden.

Entlang von Bächen und Wegen kann man die Breitblättrige Glockenblume *(Campanula latifolia)* mit ihren weißblauen oder hellvioletten Glocken an langen Stängeln finden. Sie ist ebenfalls nur vor der Blüte schmackhaft und zu diesem Zeitpunkt noch schwer zu erkennen. Es ist Vorsicht geboten, denn sie kann dann dem sehr giftigen Fingerhut ähneln. Am besten ist es, Sie pflücken nur an solchen Stellen, wo Sie die Pflanzen im letzten Jahr ganz eindeutig anhand ihrer Blüten erkannt haben.

Der Spätsommer bietet für die, die es mögen, auch einen bitteren Geschmack: Beifuß *(Artemisia vulgaris)*. Er ist bei Allergikern verhasst. Früher aber wurde er als Gewürz zu deftigen Fleischgerichten, Suppen und Saucen geschätzt, oder um gebratene Gänse damit zu füllen. Beifuß gehört zu derselben Familie wie Wermut *(A. absinthium)*, der zerstreut auf kargen Flächen und sogar Steinschutt vorkommt und ein populäres Spirituosengewürz ist. Der lateinische Name *Artemisia* verweist auf die Jagdgöttin Artemis. Im Volksglauben hat die Pflanze schützende Kräfte. Derjenige, der Wermut bei sich trug, konnte weder vergiftet noch von wilden Tieren angefallen werden. Mit Wermut im Schuh oder um den Fuß gebunden sollen Wanderer laut Erzählungen nie müde werden. Ob das wohl auch für Kinder gilt, die mit uns wandern?

Auf trockenen und sonnenreichen Wiesen wächst eines der schönsten Duftgewächse der Natur: Echtes Labkraut *(Galium verum)*. Es wurde einst nach dem Großputz auf den Boden gestreut, ebenso Mädesüß, Wacholder und Fichte.

Spät im Sommer leuchtet der gelb blühende Rainfarn *(Tanacetum vulgare)* entlang der Wegraine. Er wurde früher als Wurmmittel verwendet und deshalb auch „Wurmfarn" genannt. Als Zugabe zum selbst gebrauten Bier ersetzte er mit seinem bitteren Geschmack den Hopfen. Er hat daneben konservierende Eigenschaften, weshalb man ihn verwendete, um Fleisch damit einzureiben. Auch war man früher oft von Läusen, Flöhen, Fliegen und Motten geplagt. Um die lästigen Insekten fernzuhalten, legte man Rainfarnsträuße in Schränken und Laden einfach zwischen die Kleidung. Das ist auch heute noch gut geeignet, um Kleidung einen angenehmen Duft zu verleihen. In alten Tagen glaubte man, dass Rainfarnsträuße Hexen abschreckten und vor Blitzeinschlag schützten. Dazu mussten die Sträuße der Pflanzen allerdings am 15. August, an Mariä Himmelfahrt, in der Kirche mit Weihwasser besprengt werden.

Wenn Sie unterwegs sind und das Heidekraut blüht, können Sie die Blüten sowohl zur Dekoration als auch für den Verzehr sammeln. Heidekraut *(Calluna vulgaris)* duftet an seinen Standorten in Wald und Heide schlichtweg betörend. Nicht nur die Bienen können den rosa Blüten Gutes in Form des dunklen und aromatischen Heidehonigs abgewinnen. Man kann auch einen wohlschmeckenden Tee aus ihnen zubereiten, der beruhigend wirkt.

Echtes Labkraut

Heidekraut

Weidenröschen

Rainfarn

Sammeltipps

Es ist nicht so leicht, Blüten frisch und unbeschädigt mit nach Hause zu nehmen. Sollen sie später in Essig oder Alkohol gelegt werden, ist es nicht so schlimm, wenn sie vorher etwas zusammenfallen. Aber als Dekoration für Salate und Kuchen sollten sie taufrisch und verlockend wirken. Deshalb am besten:

- Blüten früh am Tag pflücken. Dann sind sie noch prall und frisch.
- Blüten erst am Ende einer Tour pflücken, sodass die Transportzeit nicht länger als unbedingt notwendig ist.
- Blütenköpfe zusammen mit etwas Stängel oder Zweig pflücken. Damit ist eine gewisse Wasserversorgung für unterwegs gegeben und zuhause können sie noch einmal gewässert werden.

Die richtige Ausrüstung

Für die Blütenernte sind keine großen Vorbereitungen notwendig. Das Wichtigste ist, die Feuchtigkeit der Blüten zu erhalten und Transportschäden zu vermeiden.

- Feuchte Handtücher sind gut als Verpackung für zarte Blütenköpfe geeignet. Blüten direkt auf ein Handtuch legen und es lose zusammenrollen.
- Handtücher trocken, zusammen mit einer Flasche Wasser, mitnehmen. Es ist nicht vorhersehbar, wie viel man findet und ob es einen Bach in der Nähe gibt.
- Blüten mit ihrem Stiel in ein feuchtes Küchenpapier einwickeln.
- Die Handtücher mit den Blüten in Plastiktüten legen. Am besten die Tüten aufblasen und verschließen, so ist der Inhalt geschützt.
- Sind Kinder mit dabei? Geben Sie Forscherdrang und Beobachtungsgeschick eine kleine Starthilfe: Ein Vergrößerungsglas holt Details hervor, die man mit bloßem Auge nicht erkennen kann. Es gibt sogenannte Insektenlupen mit einem Vergrößerungsglas im Deckel – geeignet, um sowohl kleine Tiere als auch Blüten anzuschauen. Interessant für Groß und Klein.

Tipps für die Zubereitung

Blüten krönen eine Mahlzeit, wenn sie frisch, schön und verlockend wirken. Einige Blüten enthalten Geschmacksstoffe, die man herauslösen kann durch Wasser für einen Tee, durch Essig, Wein oder Alkohol. Sie können auch selbst der Rohstoff für die Weinherstellung sein.

- Frische Blüten können als elegante Garnitur für Salate, Kuchen oder Desserts verwendet werden. Es sollten mild oder säuerlich schmeckende Blüten sein.
- Blüten, die für Tee verwendet werden sollen, reinigen und zum Trocknen auf Papier an einem warmen und luftigen Ort ausbreiten. Später luftdicht und dunkel aufbewahren. Blütentee muss länger ziehen,um seinen Geschmack abzugeben. Mit Gewürzen und Honig abschmecken.
- Will man Essig mit Blüten aromatisieren, sollte man milden Weißweinessig nehmen, und die Blüten darin ziehen lassen. Wie lange sie stehen müssen, muss man individuell abschmecken. Vor Gebrauch Essig abseihen und als pikante Note in Dressings und Saucen benutzen.
- Blüten, die Spirituosen würzen sollen, in 45 % Alkohol oder Wodka legen. Der Auszug kann ein intensives Aroma besitzen und muss zum Genuss verdünnt werden.
- Kräuter, die als Gewürze verwendet werden sollen, bündeln und zum Trocknen an einen luftigen Ort hängen. Direkte Sonneneinstrahlung vermeiden, da sie sonst ausbleichen. Trockene Blätter abzupfen, evtl. ganze Zweige abbrechen und ins Essen geben. Zum Aufbewahren luftdicht und dunkel verschließen.

Achtung giftig!

Blüten können süß und unschuldig aussehen. Aber essen Sie nur Pflanzen, die Sie kennen oder sicher bestimmt haben. Giftig sind beispielsweise Eisenhut, Rosmarinheide, Anemone, Maiglöckchen, Seidelbast, Fingerhut, Wolfsmilch und Hahnenfuß. Es kann nicht schaden, sich auch über diese Pflanzen zu informieren.

Schaumkraut *Cardamine pratense*

Vielleicht haben Sie mal versucht, Kresse auf etwas feuchter Baumwolle zu ziehen. Auf unseren Wiesen wartet eine Alternative, die mindestens ebenso schmackhaft ist und wunderschön blüht.

Nie ist das Gras grüner als im Frühsommer, wenn das Wiesen-Schaumkraut beginnt, seinen Blütenschleier aus hellstem Lila über die saftiggrünen Wiesen auszubreiten. Die Blüten sollte man ganz aus der Nähe betrachten, denn es sind wirklich kleine Schönheiten – delikat und raffiniert in der Farbgebung mit dem gelbgrünen Auge umrahmt von hellem Rosaviolett.

Viele Kräuter schmecken am besten vor der Blüte, aber dann sind sie schwierig zu finden und zu erkennen. Mit dem Wiesen-Schaumkraut ist es anders, denn sowohl Blätter als auch Blüten sind essbar. Die Stängel sind ein wenig hart, sodass man diese stehen lassen kann.

Wenn man Blüten und Blätter unterwegs probiert, erkennt man sofort den charakteristischen, scharfen Geschmack des Wiesen-Schaumkrauts. Mancher empfindet ihn als sehr intensiv, aber in etwas geringerer Dosierung und kombiniert mit anderen Aromen ist er köstlich. Er erinnert ein wenig an französischen Senf. Über ein deftiges Wurstbrot gestreut, ist das Schaumkraut eine frische Alternative.

Die unzerteilten Blätter schmecken gut in Salaten und als Dekoration auf Butterbroten mit herzhaftem Käse, Schinken oder Wurst. Zerhackt kann man sie in sahnigen Dressings oder Kräuterbutter verwenden. Die Blüten sind so schön, dass man sie als Gaumen- und auch als Augenschmaus servieren kann.

Kräuterbutter

- **Blätter des Wiesen-Schaumkrauts (1 EL Butter auf 1 Handvoll Blätter)**
- **Salz, Saft einer Zitrone, Pfeffer**

Blätter fein hacken, mit weicher Butter vermischen. Mit Salz, Zitronensaft und Pfeffer abschmecken. Schmeckt besonders gut zu zartem Frühlingsgemüse wie Zuckererbsen, Spitzkohl, Rüben, Frühlingszwiebel und kleine, köstliche Möhren. Das ist bereits eine komplette Mahlzeit. Richtig Hungrige können aber auch junge Kartoffeln und luftgetrockneten Schinken dazu kombinieren.

Merkmale
Blätter bestehen aus kleinen, paarweise angeordneten Seiten- und einem größeren Endblättchen. Die Blüten haben vier Kronblätter gleichmäßig über Kreuz angeordnet, helllila mit dunkleren rosalila Streifen. Sie umrahmen eine gelbgrüne Mitte mit Narbe und Staubbeuteln.

Standort
Das Wiesen-Schaumkraut wächst bevorzugt auf feuchten bis nassen Wiesen mit einer regelmäßigen Wasserversorgung, nicht aber in sauren Mooren mit stehendem Wasser. Es ist in Bach- und Flussauen, in Verlandungszonen und in Bruchwäldern in ganz Deutschland zu finden.

Berg-Platterbse *Lathyrus linifolius*

Man wird vielleicht nicht satt, aber das Auge soll ja auch mitessen. Platterbsen-Blüten sind ausgesucht delikat und etwas süßlich, so wie Blüten gerne sind. Der Geschmack kann an die besten Speiseerbsen erinnern.

Die Blüten der Berg-Platterbse ähneln den Blüten der Duftwicken aus dem Garten. Sie sind nur kleiner, besitzen aber den gleichen typischen Aufbau. Die Farben sind ebenso schön und variierend wie bei der veredelten Verwandten. Sie zeigen die schönsten Übergänge von Zartrosa zu Blaulila und zu Türkis.

Die Pflanze diente nie als wichtige Nahrungsquelle. Die stärkereichen Wurzelknollen haben einen delikaten, süßlichen Lakritzgeschmack. Heutzutage graben nur noch wenige nach Wurzeln. Früher war dies weitaus verbreiteter: „Der Bauer kann sich ein gesundes und nahrhaftes Fladenbrot aus den Wurzeln backen", schrieb der Theologe und Naturwissenschaftler Gunnerus um 1750. In Norwegen trocknete man die kleinen Knollen und verkaufte sie auf Draht gezogen für 8 Schilling pro Elle. In Schottland wurden sie carra-meille (=Honig-Knollen) genannt und ebenfalls getrocknet gegessen. Der heutige Begriff Karamell leitet sich davon ab.

Salat vom Waldrand

- **Avocado**
- **milder Blattsalat**
- **rote Zwiebel**
- **junge weiche Fichtentriebe**
- **Blüten der Berg-Platterbse**
- **Nussöl**
- **Weißweinessig**
- **französischer Senf**
- **Salz, Pfeffer**

Etwas Mildes und Scharfes, etwas Säuerliches und Süßliches machen dieses Gericht so harmonisch. Avocado halbieren, Stein entfernen, schälen und Fruchtfleisch in schmale Streifen schneiden. Salat zupfen, Zwiebeln in dünne Scheiben schneiden, beides vermischen. Fichtentriebe und Platterbsenblüten darüberstreuen. Aus Öl, Essig, Senf und Gewürzen eine milde Vinaigrette zubereiten.

Merkmale
Die Blüten der Platterbse sind charakteristisch aufgebaut. Das hinterste Kronblatt ist zurückgebogen wie ein altmodischer Schutenhut, während sich Narbe und Staubbeutel in den vorderen Kronblättern verstecken. Die Farbe verändert sich mit der Reife von Rosa zu Lila, Bläulich bis hin zu Türkis.

Standort
Die Berg-Platterbse wächst auf recht mageren und trockenen Standorten, aber sie mag es hell. Man findet sie oft an Waldrändern und -wegen, in lichten Eichenmischwäldern, Magerrasen und Heiden. Sie ist in vielen Gebieten Deutschlands verbreitet.

Veilchen *Viola*

Veilchenblüten wissen, worum es geht: ums Verführen. Mit unwiderstehlichen Farben, Formen und Düften öffnen sie sich all den eifrigen Bestäubern. Möchten Sie auch jemanden verführen? Eine Mahlzeit mit Veilchen ist ein guter Tipp.

„Rosen sind rot, Veilchen sind blau", schrieben wir als Kinder in Poesiealben. Meist stimmt das, aber es gibt Ausnahmen. Das Hain-Veilchen, *Viola riviniana*, ist beispielsweise hellblau. Das herrliche Duftveilchen, *Viola odorata*, ist dunkellila. Das Wilde Stiefmütterchen, *Viola tricolor*, ist, wie der Name bereits sagt, dreifarbig. Und das Zweiblütige Veilchen, *Viola biflora*, ist sogar gelb. Das dreifarbige Veilchen heißt auch Tagundnacht. Seine Farben wechseln von Blaulila zu Weiß und umrahmen einen gelben Fleck in der Mitte: tiefblau wie die Nacht, hell wie der Tag und mit Sonne und Mond in der Mitte.

Den Namen Stiefmütterchen erklärt die Blütenkonstruktion: Unter den bunten Kronblättern sitzen kleine grüne Kelchblätter, die die Blüte stützen. Zwei von ihnen tragen das große untere Kronblatt, es symbolisiert die Stiefmutter. Sie breitet sich alleine auf zwei „Stühlen" aus und trägt ihr schönstes Kleid. Ihr zur Seite sitzen die eigenen Töchter, jede auf ihrem Stuhl, ebenfalls adrett gekleidet. Am weitesten entfernt müssen die beiden armen Stieftöchter eng aneinandergedrängt in ihren bescheidenen Kleidern einen Stuhl teilen.

In früherer Zeit dachte man, mit Hilfe der Blüten ebenfalls schön zu werden. Man verwendete sie, um Haut oder Augen zu reinigen. Sie sollten einen klaren Blick bewirken. Daneben wurden sie wegen ihrer schleimlösenden und harntreibenden Wirkung verwendet. Vermischt mit Honig stellte man aus ihnen ein Heilmittel gegen Wunden im Mundraum und gegen Geschwüre her.

Auch wenn Veilchen schüchtern wirken mit ihren unschuldigen blauen Blüten auf den grazilen Stängeln, wurde ihnen nicht immer nur Gutes nachgesagt. Ihr Duft war einst als derartig berauschend verschrien, dass er ausschließlich vulgären Damen zugeschrieben wurde. Im England des 17. Jahrhunderts wurden Frauen sogar der Hexerei bezichtigt, wenn sie versuchten mit Veilchenparfüm, offenen Haaren und tief dekolletiert, Männer zu verführen.

Merkmale
Veilchen können verschieden gefärbt sein, aber alle haben den gleichen raffinierten Aufbau: 5 Kronblätter umstellen den Eingang, hinter dem der Nektar versteckt ist. Eine „Pforte" aus kleinen Bürstenhaaren fängt die wichtigen Pollenpakete der Bestäuber ab.

Standort
Stiefmütterchen wachsen auf mageren Böden, wo es nur wenig Konkurrenz gibt. Auf hellen, gut besonnten Felsvorsprüngen mit flachem Boden bilden sie dichte Teppiche aus. Sie blühen lange bis nach dem Sommer. Hainveilchen blühen in lichten Wäldern bereits ab April; Märzveilchen an Waldrändern und Säumen schon ab März.

Kandierte Veilchen

- **Milch**
- **Zucker**
- **frische Veilchen**

Kandierte Veilchen sind ein klassischer Tortenschmuck. Früher tauchte man die Blüten in geschlagenes Eiweiß und dann in Zucker. Dies ist jedoch recht klebrig. Besser geht es mit Milch und Zucker. Beides in getrennte Schalen füllen. Blüten am Stängel fassen, in Milch tauchen, überflüssige Milch abschütteln. Zucker darüberstreuen. Auf eine gezuckerte Unterlage legen und vollständig trocknen lassen. Danach Stängel abknipsen und Blüten in luftdichtem Glas aufbewahren. Sie passen zusammen mit Minze oder Zitronenmelisse wunderbar auf einen saftigen Schokoladenkuchen.

Fruchtige Verlockung

- **kleine, süße Melone**
- **2 TL Orangenlikör**
- **5 gehackte Minzeblätter**
- **100 g Erdbeeren**
- **Veilchen**

Melone halbieren, Kerne entfernen, mit einem Kugelformer kleine Kugeln aus dem Fruchtfleisch lösen. Mit Orangenlikör und Minze marinieren. Erdbeeren vierteln, dazugeben. In der ausgehöhlten Melone mit einer Handvoll Veilchen anrichten.

Veilchen-Käsekuchen

- **150 g Butter**
- **150 g Haferkekse**
- **1 TL Kardamom**
- **5 Blatt Gelatine oder 5 TL Gelatinepulver**
- **2 TL Wasser**
- **300 g Hüttenkäse (evtl. gemischt mit Frischkäse)**
- **450 ml Heidelbeerjoghurt**
- **1 TL Vanillezucker**

Butter schmelzen, Haferkekse zerbröseln, Kardamom hinzufügen und alles miteinander verkneten. Den Boden einer Springform mit Backpapier auslegen und Masse darauf verteilen. Abkühlen lassen. Gelatine in kaltem Wasser einweichen, gut abtropfen und mit Wasser bei schwacher Hitze gerade schmelzen. Hüttenkäse mit dem Mixer geschmeidig rühren, Joghurt und Vanillezucker untermischen. Gelatine unter Rühren langsam hinzufügen.
Masse auf dem Keksboden verteilen und mehrere Stunden im Kühlschrank fest werden lassen. Kuchenrand vorsichtig von der Form lösen, zum Beispiel auf einem großen Rhabarberblatt anrichten. Reichlich mit Stiefmütterchen und Minzeblättern garnieren. Dieser Kuchen schmeckt auch herrlich mit Blüten des Sauerklees oder der süßlichen Platterbse, Wald-Erdbeeren oder wilden Himbeeren, Heidelbeeren oder auch Brombeeren.

Pikante Veilchen zum Dessert

- **1 reifer Brie**
- **1 Birne**
- **Walnüsse oder geröstete Pinienkerne zum Bestreuen**
- **1 Handvoll Veilchen**
- **flüssiger Honig**

Der Abschluss eines guten Essens muss nicht immer süß sein: Einen weichen, reifen Brie mundgerecht zerteilen. Eine perfekte Birne in Scheiben schneiden. Zusammen anrichten und mit einigen Walnüssen oder gerösteten Pinienkernen bestreuen. Mit frischen Veilchen und etwas Honig würzen und garnieren.

Weißer Gänsefuß

Chenopodium album

Weißer Gänsefuß ist ein guter Ersatz für Spinat und Salat. Sein Geschmack ist mild und frisch und die Konsistenz angenehm weich. Wir sind längst nicht die Ersten, die seine Vorteile erkannt haben.

In Skandinavien aß man den Gänsefuß bereits vor 2000 Jahren. Man fand dort Samen in einer Grabkammer aus der Wikingerzeit.

Der Gänsefuß ist verwandt mit Roter Bete, Mangold, Spinat und dem Gutem Heinrich (siehe Seite 60). Er enthält Vitamin A und C, Eisen und Proteine. Obwohl man ihn vielfach verwenden kann, besitzt er nicht zahlreiche Namen, die dies wiederspiegeln. Dabei hätte er es verdient. Im Frühsommer können sowohl Stängel als auch Blätter gegessen werden. Junge Triebe kocht man wie Spargel. Später zupft man nur noch die jüngsten Blattspitzen ab. Man verwendet sie roh im Salat oder in Butter gedünstet sowie in Aufläufen und Suppen.

Frühsommer-Frittata

- **80 g Gänsefuß (alternativ Breit-Wegerich, Frauenmantel)**
- **Butter**
- **2 kleine Möhren**
- **1 Handvoll Zuckererbsen**
- **½ Zucchini**
- **30 g Parmesan oder anderer würziger Käse**
- **Salz, weißer Pfeffer**
- **3 Eier**

Triebspitzen abknipsen, Gänsefußblätter von den Stängeln zupfen und grob hacken. Beides in Butter dünsten, bis es zusammenfällt. Möhren längs vierteln. Zuckererbsen quer halbieren. Zucchini längs halbieren und in Scheiben schneiden. Alles rasch in Butter dünsten und mit dem Blattgemüse mischen. Käse reiben und mit Gewürzen und Gemüse in einer Pfanne vermengen. Eier schaumig schlagen und darübergeben. Stocken lassen und dann einige Minuten unter den Grill stellen. Das Frittata soll fest, aber nicht trocken sein.

Merkmale
Rollt man ein Blatt zwischen den Fingern, bemerkt man, dass es sich mehlig anfühlt. Der Grund sind kleine, safthaltige Haare auf den Blättern, die leicht abbrechen. Die etwa 40 cm hohe Pflanze trägt an der Spitze und in den Blattachseln unscheinbare graugrüne, knotige Blüten.

Standort
Weißer Gänsefuß mag nährstoffreichen Boden. Er ist allerdings nicht konkurrenzfähig, sodass er meist an offenen Stellen wie Schutt und Wegrändern wächst, wo sich andere Pflanzen noch nicht etablieren konnten, aber auch in Gärten. Er ist im ganzen Land verbreitet.

Breit-Wegerich *Plantago major*

Die Indianer nennen den Breit-Wegerich auch „Fußstapfen der Bleichgesichter". Er toleriert es, wenn man auf ihn tritt und wächst an frequentierten Stellen. Pflücken Sie ihn, anstatt darüber hinwegzuschreiten.

Seit jeher schätzt man den Breit-Wegerich als Heilmittel. Die Germanen nannten ihn Läkeblad (= Heilblatt). „Wegerich" geht auf die althochdeutsche Bezeichnung wegarîh (=König des Weges) zurück. Im lateinischen ***plantago*** steckt planta (=Fußsohle), was die Form der Blätter aufgreift. Die Römer verwendeten ihn bei wunden Füßen als Pflaster. Dioskurides, ein Arzt des Altertums, benutzte ihn ebenfalls dazu.

Auch in alten Sagen wird über die Heilwirkung der Blätter berichtet. Sie hälfen bei Brandwunden, Hühneraugen oder Krampfadern, erzählt Henrik Harpestreng in seinem Kräuterbuch gegen Ende des 13. Jahrhunderts. Die Signaturenlehre schließt von der äußeren Erscheinungsform einer Pflanze auf deren Wirkung. Sie schreibt den Blättern eine positive Wirkung auf Wunden im Mundraum zu, da sie der Form der Zunge ähneln. Ist die Pflanze völlig sauber, kann sie als Notpflaster dienen. Meist aber wächst sie so dicht am Boden, dass sie als Bandage nicht geeignet ist. Man kann jedoch den Saft aus den Blättern pressen. Er besitzt antibakterielle Wirkung.

Probieren Sie Breit-Wegerich auch als Gemüse. Die jüngsten Blätter werden gehackt und frisch verwendet. Die etwas älteren Blätter kann man zusammen mit anderem Blattgemüse in Aufläufen und Suppen verarbeiten. Mancher verwendet auch die Samen der Pflanze beim Backen.

Kinder sind auf einem Spaziergang leicht für den Wegerich zu begeistern. Mit seiner Hilfe lässt sich die Zahl der Kinder, die ein Mensch bekommen wird, vorhersagen. Man muss nur ein Blatt abrupfen und die hervorstehenden Adern zählen.

Neue Kartoffeln mit Blattgrün

Kartoffeln garen. Gänsefuß und Breit-Wegerich hacken. Butter schmelzen, Gemüse hinzugeben, evtl. auch eine zerdrückte Knoblauchzehe. Kartoffeln darin wälzen. Salzen und Pfeffern. Mit frischer Vogelmiere bestreuen. Passt zu luftgetrocknetem Schinken.

Merkmale
Die Blätter sind breit, deutlich gestielt und länglich rund. Sie besitzen 5–9 Blattnerven und wachsen in einer Rosette. Die grünlichen Blüten sitzen dicht an einem aufrechten, 5–15 cm langen Stängel.

Standort
Breit-Wegeriche ertragen es, wenn man auf sie tritt. Sie wachsen dementsprechend entlang von Wegen und Trittstellen, auf Höfen, auf übernutzten Weiden und auch in Pflasterfugen.

Vogelmiere *Stellaria media*

Die Namen Vogelmiere oder Vogel-Sternmiere täuschen, denn die Vogelmiere ist nicht nur für das Federvieh ein Leckerbissen. Probieren Sie das Kraut einmal. Sie werden angenehm überrascht sein.

Die zarte Konsistenz und der kresseähnliche Geschmack der Vogelmiere sind ideal für Salate. Ihre Blätter sind reich an Vitamin C, Eisen und Proteinen. Die beste Salatqualität besitzt die Pflanze vor der Blüte. Aber auch, wenn schon einige der weißen Sternblüten im hellgrünen Teppich aufgesprungen sind, kann man sie noch gut essen. Pflücken Sie die Pflanzen im Halbschatten, die Blätter sind dort saftiger und knackiger als an besonnten Stellen. Zieht man die Vogelmiere ganz heraus, nimmt man Erde, Wurzeln und zähe Stängel mit. Am besten schneidet man die Triebe mit einer Schere ab. Die Blätter sind sehr dünn und welken schnell in Trockenzeiten. Das tun sie auch, wenn zu viel Zeit vergeht, bis sie verarbeitet werden. Legen Sie sie deshalb rasch in ein feuchtes Tuch und in eine Plastiktüte, damit sie sich besser halten.

Merkmale
Vogelmieren bilden oft Teppiche aus niederliegenden Stängeln. Sie besitzen gegenständige, eiförmige Blätter. Aus den Blattachseln entspringen Verzweigungen. An deren Spitzen sitzen kleine weiße Sternblüten. Hält man einen Stängel gegen das Licht, sieht man die typischen silberweißen Härchen an der einen Stängelseite.

Standort
Vogelmieren findet man auf offenen nährstoffreichen Böden in Gärten, Äckern, Weinbergen und sogar Balkonkästen. Sie sind überall im Land verbreitet, vertragen aber keine Konkurrenz durch kräftigere Pflanzen.

Löwenzahn *Taraxacum officinale*

„Es steht ein kleiner Löwenzahn zwischen anderen Löwenzähnen", beginnt ein Gedicht. Und gewiss ist es möglich, sich an einer Löwenzahnwiese zu erfreuen, die leuchtet wie die Sonne. Es ist sogar möglich, ein kulinarisches Erlebnis in ihr zu sehen.

„Zuerst sind sie wie Feuer, dann werden sie zu Schnee – und später alte Männer", heißt es weiter in dem Gedicht. Wir werden im Stadium des Feuers aktiv und pflücken nur die Köpfe. Man muss dabei nicht besonders maßvoll sein. Der Löwenzahn ist keineswegs selten und verbreitet sich über seine Samen in Windeseile. Trotzdem pflückt man am besten immer nur so viel, wie man benötigt.

Eine Löwenzahnblüte besteht nicht nur aus einer, sondern aus einer großen Anzahl von Blüten. Sie sitzen eng beieinander auf dem Blütenboden. Besonders deutlich sieht man dies, wenn sich nach der Blüte die weißen Federkrönchen entwickeln. Jeder Same, der an einem Schirmchen hängt, stammt von einer einzelnen Blüte. Schon der kleinste Windstoß sorgt dafür, dass die Schirme ihre Reise antreten und nur der Blütenboden kahl zurückbleibt.

Löwenzahn ist ein Symbol für unerschütterliche Lebenskraft, eine kleine Sonne auf einem Stängel, ebenso gelb und ebenso strahlend. Wäre er im Garten nicht so aufdringlich, könnte er fast als Zierpflanze gelten. Doch wem einmal ein guter Löwenzahnwein gelungen ist, der nennt diese ungeliebte Pflanze nicht länger Unkraut. Für ihn sind Wiesen voller Löwenzahn die blühenden Weinfelder des Nordens.

Um als Winzer Erfolg zu haben, ist nicht nur die Qualität des Rohstoffs entscheidend. Sie benötigen auch Geduld, Genauigkeit und Sauberkeit. Kaufen Sie stets eine Weinhefe und folgen Sie Punkt für Punkt der Anleitung auf der Verpackung. Dann zerfallen die Blüten schon bald am Boden des Gärbehälters und es blubbert im Gäraufsatz. Wer ganz sichergehen will, verwendet Schwefeltabletten, um eine Fehlgärung zu vermeiden. Vor dem Genuss muss der Wein geklärt werden. Auch dabei sollte man der Packungsanweisung folgen.

Das Ergebnis der eigenen Bemühungen ist beim ersten Mal natürlich kein eleganter Chablis, sondern eher ein rustikaler Landwein. Dieser schmeckt ausgezeichnet leicht gekühlt auf der Terrasse oder in einer sommerlichen Bowle.

Sommerlicher Apéritif

2 Teile Löwenzahnwein (Zubereitung siehe oben) und 1 Teil Mineralwasser oder Zitronenlimonade ergeben ein erfrischendes Sommergetränk. Schmeckt der Löwenzahnwein zu intensiv, kann man ihn mit etwas Weißwein mischen. Eiswürfel, Limone und Minze oder Zitronenmelisse hinzugeben.

Merkmale
Einige Pflanzen ähneln Löwenzahn. Typisch für ihn ist jedoch der hohle Stängel, der Milchsaft enthält, und die grob gesägten oder gelappten Blätter.

Standort
Das Problem mit Löwenzahn ist, dass er fast überall wächst, wo man ihn lässt. Er bevorzugt sonnige Wiesen und meidet im Großen und Ganzen Waldböden.

Guter Heinrich

Chenopodium bonus-henricus

Was macht diesen Heinrich gut? Sein Aussehen ist eher unscheinbar, aber legt man ihn in Topf oder Pfanne, so entdeckt man seine versteckten Qualitäten. Denn dies ist wahrlich ein Herr mit Geschmack.

Der Gute Heinrich fällt auf einem Spaziergang nicht gerade ins Auge. Schlicht und unscheinbar könnte man ihn beschreiben. Nicht einmal die Insekten sind an seinen Blüten interessiert. Er wird über den Wind bestäubt. Der Gute Heinrich gehört zu den Gänsefußgewächsen. In dieser Familie finden sich Meister der Überlebenskunst: Einige Arten überleben in Salzsümpfen, Wüsten und in der Spritzwasserzone am Meer. Andere besetzen widerspenstig Kulturböden und ärgern die Landwirte. Aber unter den Verwandten befinden sich auch beliebte Nutzpflanzen wie Rote Bete, Mangold und Spinat.

Besonders mit dem Spinat kann der Gute Heinrich es aufnehmen, denn seine Blätter sind ebenso verwendbar. Bei der Zubereitung verhalten sie sich gleich: Zunächst bleibt von der großen Menge gesammelter Blätter nach dem Aussortieren der groben Stängel nur die Hälfte übrig. Erwärmt man diese, schrumpft sie auf ein kümmerliches Häufchen zusammen. Doch das schmeckt dann umso intensiver. Wenn man den Guten Heinrich sammelt, muss man dies bedenken. Mit einer Handvoll Blätter kommt man bei dieser Pflanze nicht weit. Das ist aber kein Problem, denn hat man den Guten Heinrich erst einmal entdeckt, findet man gleich reichlich davon. Auf den ersten Blick ist er mit einem reifen Bestand von Brennnesseln zu verwechseln, wenn man ihn noch nicht so gut kennt. Aber wenn Sie sich die Blätter genauer anschauen, erkennen Sie schnell den Unterschied. Außerdem verbrennt man sich nicht an ihnen.

Die Blattform hat der Pflanze den Namen gegeben. Das lateinische *Chenopodium* bedeutet Gänsefuß, und eine gewisse Ähnlichkeit kann auch nicht geleugnet werden. Den Zunamen *bonus-henricus*, Guter oder Stolzer Heinrich, gibt es in vielen europäischen Sprachen. Wer ihn probiert, weiß, dass er diesen Namen zu Recht trägt.

Merkmale
Die Blätter sind typisch dreieckig bis spießförmig. Zerrieben fühlen sie sich mehlig an. An nährstoffreichen Stellen wird die Pflanze bis zu 80 cm hoch. Die Blüten sitzen dicht in einem unscheinbaren, gelb- oder graugrünen Blütenstand zusammen.

Standort
Der Gute Heinrich bevorzugt nährstoffreichen Boden. Daher findet man ihn oft in der Nähe von Weiden und Äckern, wo er wie die Brennnessel große Kolonien bilden kann. Die Art ist im ganzen Land verbreitet.

Gesunder Heinrich

- **6 große Tomaten zum Befüllen**
- **150 g Basmatireis**
- **1 Zwiebel**
- **2–3 Knoblauchzehen**
- **Olivenöl**
- **300 g blanchierte Blätter vom Guten Heinrich**
- **2 kleine Tomaten für die Füllung**
- **eine Handvoll gehackte Petersilie**
- **Salz, Pfeffer**

Von den Tomaten einen Deckel abheben, vorsichtig aushöhlen. Salz hineinstreuen, etwas ziehen lassen und dann zum Ablaufen umdrehen. Reis garen. Zwiebel fein hacken, Knoblauch zerdrücken und beides in Öl weich dünsten. Blätter blanchieren, grob hacken und etwas mitdünsten. Tomaten grob würfeln, hinzugeben und die Flüssigkeit einkochen lassen. Petersilie hinzugeben. Gemüse mit dem Reis mischen. Mit Salz und Pfeffer abschmecken. Tomaten damit befüllen, mit Öl einpinseln und im Ofen bei 200 °C weich backen, ohne dass sie platzen.

Guter Heinrich im Blätterteigmantel

- **4 Platten TK-Blätterteig**
- **1 Stange Lauch**
- **400 g blanchierte Blätter vom Guten Heinrich, gut abgetropft**
- **Butter, Salz, weißer Pfeffer**
- **4 Streifen Lachsfilet (3–4 cm breit)**
- **etwas Zitronensaft, Weißwein oder trockener weißer Wermut**
- **Ei zum Bestreichen, Sesam**

Blätterteigplatten auftauen und einzeln ausrollen. Lauch fein schneiden. Blätter des Guten Heinrichs blanchieren und mit dem Lauch in Butter weich dünsten. Würzen, abkühlen lassen. Gemüsefüllung halbieren. Mit der einen Hälfte die Blätterteigplatten belegen. Fisch mit Zitronensaft, Weißwein oder Wermut beträufeln, salzen, pfeffern und auf das Gemüse legen. Die andere Hälfte des Gemüses darübergeben und den Teig zusammenklappen. Mit der Naht nach unten auf Backpapier legen. Mit Ei bestreichen. Mit Sesam bestreuen und mehrfach schräg einschneiden. Im Backofen auf der unteren Schiene bei 200 °C ca. 20 Minuten backen.

Linde *Tilia cordata*

„Wie lieblich ist der Lindenduft!", dichtet Friedrich Rückert in einem von Gustav Mahler vertonten Lied. Aber die Blüten duften nicht nur betörend. Sie haben auch einen feinen, honigähnlichen Geschmack.

Wenn Tausende von gelbgrünen, nektargefüllten Lindenblüten aufblühen, beginnen hektische Zeiten in den Baumkronen. Setzt man sich mit dem Rücken gegen den Stamm und horcht, hört man es dort oben summen und brummen. Heerscharen von Hummeln und Bienen sammeln eilig Nektar für ihren Honig.

Früher galt die Linde als heiliger Baum. Ihr Holz war ein beliebtes Material, um Heiligenbilder herzustellen. Es ist weich und eignet sich sehr gut zum Schnitzen. Mit dem Laub der Linde wurden Schafe und Ziegen gefüttert. Aus den kräftigen Bastfasern unter der Borke flocht man Seile und Körbe. Linden waren auch beliebte Dorfbäume. Ihre schützende Kraft sollte Haus und Menschen vor dem Blitzeinschlag bewaren.

Die angenehme, beruhigende Wirkung von Lindenblüten ist schon sehr lange bekannt. Nach einem hektischen Tag hilft ein Lindenblütentee beim Einschlafen. Er wirkt außerdem schweißtreibend und temperatursenkend bei Fieber, eine natürliche Alternative zu Tabletten. Warm getrunken, lindert der Tee einen wunden Hals oder eine heisere Stimme. Abgekühlt kann er aber auch als Gurgelwasser und Appetitanreger verwendet werden.

Die Blüten enthalten ätherische Öle, Gerbstoffe, Schleimstoffe, Zucker und Vitamin E. Pflücken Sie die frisch aufgeblühten Blüten mit Stiel und dem kleinen Hochblatt. So halten sie sich länger. Breiten Sie die Blüten an einem luftigen und schattigen Ort aus und lassen Sie sie dort möglichst langsam trocknen.

Schlummertee

- **› getrocknete Lindenblüten**
- **› Limonenscheiben, frischer Ingwer**
- **› Honig oder 1 Stange Zimt**

Einen guten EL Lindenblüten pro Tasse verwenden. Kanne vorwärmen, kochendes Wasser über die Blüten gießen, 10 Minuten ziehen lassen. Dünne Scheiben von Limone und Ingwer im Tee ziehen lassen, bis sie genug Geschmack abgegeben haben. Evtl. mit einer Zimtstange umrühren und mit Honig süßen.

Merkmale
Die Blätter der Linde sind fast herzförmig. In den Nervenwinkeln sitzen kleine Bärte. Die kleinen Blüten sind gelbgrün und haben viele Staubblätter. Sie sitzen zu mehreren an einem verzweigten Stiel. Dieser trägt auch ein Hochblatt, das beim Fliegen als Propeller dient. Auch Blüten der Sommerlinde ***(Tilia platyphyllos)*** und der Holländischen Linde ***(Tilia x vulgaris)*** können verwendet werden.

Standort
Die Winter-Linde steht im lichten und wärmeliebenden Laubwald. Man pflanzt sie häufig in Parks und Alleen. Sie kommt mehr oder weniger verbreitet im ganzen Land vor.

Gagel *Myrica gale*

Um Gagelschnaps herzustellen, müssten Sie sich eigentlich auf einen feuchten Ausflug einlassen. Zum Glück kann man diesen Strauch aber kaufen und die Blätter im Garten ernten. Dies sollte man auch, denn die wilde Pflanze ist gefährdet.

Der Gagel ist der Geruch der Moore. Wie soll man ihn beschreiben? Frisch, waldartig, würzig mit einer Spur von Harz. Dieser unvergleichliche Duft wird von kleinen Drüsenhaaren produziert, die auf den Blättern sitzen. Hat man den Duft einmal gerochen, wird man ihn sofort wiedererkennen, wenn man an einen Busch stößt. Doch der Weg dorthin durch Heide und Moore ist feucht und unbequem. Nicht nur deshalb sollte man auf Sträucher im Garten zurückgreifen. Der Gagel steht häufig in Naturschutzgebieten und gilt bei uns als gefährdet.

Am besten schmeckt Gagel, wenn man ihn zeitig im Sommer pflückt, aber er hat auch noch im Herbst einen intensiven Geschmack. Man braucht nicht viele Blätter, um einige kostbare Tropfen Alkohol damit zu aromatisieren. Es gibt aber auch noch andere Verwendungsmöglichkeiten für den Gagel. Früher wurde er in den Kleiderschrank gehängt, um Motten und Wanzen fernzuhalten – eine einheimische Alternative zu Lavendel. Eine Handvoll Blätter im Badewasser duftet herrlich und sorgt für Wohlbehagen. Den Rest kann man zu einem Strauß oder Kranz binden und in das Bad hängen.

Die Wikinger sollen Gagel benutzt haben, um sich und den Met schlagkräftiger zu machen. Als Bierwürze soll er einen Rausch ausgelöst haben, der seinesgleichen sucht. Der Botaniker Simon Paulli schrieb im 17. Jahrhundert: „eine schreckliche Übelkeit und Kopfschmerzen verursacht es denen, die nicht daran gewöhnt sind.“ Der schwedische König Gustav Vasa meinte: „Ich habe solche Kopfschmerzen, dass ich es nicht vermag, meine Glieder zu regen. Ich habe das starke Gagelbier getrunken.“ Man darf dabei natürlich nicht vergessen, dass auch die Menge, die man genießt, einen Einfluss auf die Wirkung des Getränkes hat ...

Schnaps des Hauses

› Blätter vom Gagelstrauch
› 45 %iger Alkohol

Blätter in ein weithalsiges Glas füllen, mit Alkohol bedecken. Nach einer Woche ist die Essenz kräftig, gelblichbraun und kann abgeseiht werden. Etwas zur Klärung stehen lassen. Dann die Essenz je nach Geschmack verdünnen. Einige mögen den Schnaps gelblich und kräftig gewürzt, andere bevorzugen ihn klar. Das Aroma ist gleichermaßen elegant und typisch. Beginnen Sie mit einem Verhältnis von 1 Teil Essenz zu 9 Teilen Alkohol und tasten Sie sich an die gewünschte Dosierung heran. Verwenden Sie 45 %igen Alkohol und reduzieren Sie die Stärke ein wenig mit Wasser. Den Ansatz nochmals, am besten bis Weihnachten, ruhen lassen.

Merkmale
Der Busch wird 50–100 cm hoch. Die Zweige sind rotbraun, die Blätter graugrün mit silbergrauer Unterseite. Sie sind lanzettlich geformt, verschmälern sich zum Blattstiel und sind vorne etwas gesägt. Zerreibt man ein Blatt zwischen den Fingern, erkennt man den charakteristischen Duft. Die Früchte erinnern an winzige Zapfen, sind aber eigentlich Kätzchen.

Standort
Gagel wächst hauptsächlich an den Rändern von Hoch- und Heidemooren, die in Deutschland zumeist in Naturschutzgebieten liegen. Am liebsten steht er dort, wo der Torf beginnt, weich zu werden. Er ist in Deutschland auf die küstennahen und feuchtmilden Bereiche beschränkt und gilt als gefährdet. Er ist aber auch in Baumschulen erhältlich und kann in den Garten gepflanzt werden.

Rose *Rosa*

Welche Blume wählen Sie, wenn Sie jemandem Ihre Liebe erklären wollen? Die Rose. Sie ist der Liebesbote schlechthin. Aber wenn Sie es einmal anders versuchen möchten, laden Sie den auserwählten Menschen zu einem Liebesmahl ein und servieren ihm die Rosenblüten auf köstliche Art.

Die Rose ist der Legende nach aus Dramatik und Liebe entstanden, als Aphrodite, Göttin der Schönheit und Liebe, ihren geliebten Adonis von einem Wildschwein getötet fand. Als Symbol für ihre unsterbliche Liebe ließ sie aus seinem Blut rote Rosen wachsen.

Seither war die Rose Symbol für vieles: von der Reinheit der Jungfrau Maria bis zum unsittlichen Angebot zweifelhafter Damen. Die Römer weihten die Rose der Göttin Venus. In England ist sie mit den Rosenkriegen verbunden – als rote Rose im Wappenschild des Hauses Lancaster und als weiße in dem des Hauses York.

Die Perser sollen Rosen als erste gezüchtet haben. Sie sollen in Babylons berühmten Hängenden Gärten gewachsen sein. In Ägypten watete Kleopatra in ihrem Festsaal formlich in Rosen. Reiche Römerinnen verwendeten Rosen als Bewahrer ewiger Schönheit und Jugend. Sie streuten die Blüten ins Badewasser oder bedeckten ihr Gesicht damit. So hofften sie, Falten zu vermeiden. Nicht nur in der Liebe und Schönheitspflege spielten Rosen eine wichtige Rolle, sie waren früher auch ein häufig verwendetes Heilmittel. Ihr Saft half bei Gelbsucht und Gicht, eingeweckte Rosen sorgten bei Lungen- und Leberkrankheiten für Linderung, Rosenwasser bei müden Augen, Rosenzucker bei Schwindsucht und Tuberkulose, Rosenessig bei „hitzigem Magen", Kopfschmerz und Nasenbluten.

Ganz besonders sind Rosen an Liebesrituale geknüpft: Im kühlen Norden trugen Mädchen die Blüten einer tiefroten, einer weißen und einer blassroten Rose drei Tage und Nächte an ihrem Herzen. Anschließend wurden die Blüten ebenso lang in Wein gesotten. Reichten die Frauen diesen Trank ihrem Geliebten, war er auf ewig ihrer. Wer diesen Zauber ausprobieren möchte, sollte Rosenblüten in der Johannisnacht pflücken ...

Merkmale
Rosen wurden zu zahlreichen Formen und Farben veredelt. Die Blüten der wilden Hundsrose ***(Rosa canina)*** besitzen hellrosa Kronblätter um goldgelbe Staubblätter angeordnet. Die Kartoffelrose ***(Rosa rugosa)***, eine beliebte Zierpflanze, hat dunkelrosa Kronblätter und einen intensiveren Duft. Sie bleibt eher niedrig, während die Hundsrose je nach Standort niedrigwüchsig oder über mannshoch ist. Beide besitzen Stacheln. Ihre Blätter setzen sich aus 4 seitlichen, einander paarweise gegenübersitzenden und einem Fiederblättchen an der Spitze zusammen.

Standort
Rosen lieben es warm und sonnig. Die einheimische Hundsrose wächst an Weg- und Feldrainen, in Buschsäumen und an Waldrändern, wo sie viel Licht bekommt. Sie toleriert auch karge, trockene Standorte. Die aus Ostasien eingeführte Kartoffelrose wird häufig als Zierpflanze und aufgrund ihrer Salztoleranz als Straßenbegrünung gepflanzt. An der Küste dient sie als Erosionsschutz. Es gibt eine Vielzahl an wild wachsenden Rosenarten. Sie alle haben essbare Blüten. Zierpflanzen sind in der Regel eher schwach im Geschmack.

Aphrodites Verführung

- **6–8 Blüten der Kartoffelrose (oder 12–16 Blüten der Hundsrose)**
- **250 g Zucker**
- **50 ml Rotwein**
- **250 ml Wasser**
- **Saft von 1 Zitrone**
- **Mark von ½ Vanilleschote**
- **1 Eiweiß**

Die Blütenblätter in feine Streifen schneiden. Mit Zucker, Rotwein, Wasser, Zitronensaft und Vanillemark in einem Topf erhitzen und 3 Minuten kochen lassen. Die Mischung abkühlen lassen, in eine flache Schüssel füllen und im Gefrierfach anfrieren lassen. Das Eiweiß steif schlagen und unterheben. Die Masse 2–3 Stunden weiter gefrieren lassen, dabei alle 30 Minuten mit einer Gabel umrühren. Vor dem Servieren kurz mit einem Stabmixer geschmeidig rühren.

Errötendes Gelée

- **6 Blüten der Kartoffelrose (oder 12 Blüten der Hundsrose)**
- **5 Blatt Gelatine**
- **150 ml Wasser**
- **200 ml Weißwein**
- **50 g Zucker**
- **Saft von ½ Zitrone**

Die Blütenblätter in feine Streifen schneiden. Die Gelatine in kaltem Wasser einweichen. Weißwein, Zucker und Zitronensaft in einem Topf aufkochen lassen und die Blüten dazugeben. Vom Herd nehmen und die ausgedrückte Gelatine einrühren, bis sie sich vollständig aufgelöst hat. Die Mischung in kleine Schälchen füllen, dabei darauf achten, dass die Rosenblätter gleichmäßig verteilt sind. Mit Folie abdecken und kühl stellen.
Passt gut zu frisch Gebackenem, warmen Scones und Tee.

Mädesüß *Filipendula ulmaria*

Mädesüß findet man mit verbundenen Augen. Der Duft ist typisch balsamisch und würzig mit einer Mandel-Note. Hat man ihn einmal kennengelernt, vergisst man ihn nie wieder. Ein Muss für Ihren Spätsommer-Cocktail.

Die gelblichweißen Blütenbüschel des Mädesüß sitzen auf langen Stängeln. Es gehört nicht zu den schillerndsten, buntesten Blütenpflanzen. Seine perlenähnlichen Blütenknospen sind jedoch von Nahem betrachtet erstaunlich schön und seine Blüten duften sehr intensiv.

Sein Name verweist nicht etwa auf ein „süßes Mädchen", sondern auf „süßen Met". Diesem Honigwein wurde die Pflanze früher als Gewürz zugesetzt. Met wurde seit jeher zu weltlichen und kultischen Festen getrunken. Im Mittelalter kamen jedoch Bier und Wein verstärkt auf. Sie verdrängten den Met immer weiter, da seine Herstellung aufwendiger und teurer war.

Man verwendete Mädesüß aber auch, ebenso wie Wacholder, als Bodenstreu bei Festen. Sein Duft sollte so berauschend wirken wie orientalischer Weihrauch. Imker rieben das Innere ihrer Bienenkörbe mit Mädesüßblüten aus. Die Bienen (Immen) mögen den Geruch und sollten so an den Stock gebunden werden. Daher stammt auch der Name Immenkraut.

Die Pflanze enthält Salicylsäure. Dies erklärt ihre positive Wirkung gegen Fieber und Rheumatismus. Vielfach wird der Tee als schweißtreibendes und harntreibendes Mittel getrunken. Dazu sammelt man Blüten und Blätter, breitet sie aus und trocknet sie langsam. Man kann den Tee aber natürlich auch trinken, um den Duft und das Aroma des Mädesüß einfach nur zu genießen. Im Winter verbreitet der Tee in der warmen Stube so einen herrlichen Duft, der an den Sommer erinnert.

Mädesüß-Mojito

- **frisch aufgeblühte Mädesüßblüten**
- **1 Limone in Scheiben**
- **100 ml 40 %iger Alkohol, 200 ml Rum**
- **Minzeblätter, Zucker**

Blüten reinigen, mit Limonenscheiben in ein dicht schließendes Glas füllen. Alkohol und Rum zugeben. 3–7 Tage stehen lassen, danach wird der Auszug bitter. Ist der Geschmack zu intensiv, etwas Rum zusetzen. Minzeblätter mit Zucker zerdrücken, etwas von dem Auszug hinzufügen. Mineralwasser zugeben. Gläser mit einem Zuckerrand versehen.

Merkmale
Mädesüß wird 50–150 cm hoch. Die Blätter, etwas runzelig, dunkelgrün, sitzen paarweise mit einem Endblatt an rötlichen Blattstängeln. Zwischen größeren Blattpaaren sitzen kleine Blätter. Blütendolden sitzen am Stängel übereinander und bilden einen trichterförmigen Blütenstand.

Standort
Mädesüß wächst an feuchten bis nassen Standorten in Wiesen, entlang von Gräben, Bächen und Waldsäumen. Es ist in ganz Deutschland verbreitet.

Sommergetränk

Aus Mädesüß kann man einen aromatischen Saft herstellen, erfrischend an warmen Sommertagen: 25 Blütendolden in ein Gefäß legen, 1 kg Zucker und 25 g Zitronensäure zusetzen. Mit 1 Liter kochendem Wasser übergießen und abkühlen lassen. Eine knappe Woche kühl stellen, dann abseihen und den Extrakt in Flaschen umfüllen und aufbewahren. Zum Trinken nach Belieben mit etwas Mineralwasser versetzen.

Wald-Erdbeere *Fragaria vesca*

Eine Stelle zu finden, wo Wald-Erdbeeren wachsen, ist ein besonderes Glück. Die kleinen Früchte besitzen einen herrlichen Duft und einen intensiven Geschmack. Da ist die Freude groß.

Die ersten Wald-Erdbeeren, die man im Sommer findet, sollte man besonders genießen – sich auf der Zunge zergehen lassen. Denn die kleinen Früchtchen haben es in sich. Ihr Geschmack ist nicht mit den Kultur-Erdbeeren aus dem Supermarkt vergleichbar. Er ist um Längen feiner und intensiver. Doch nicht nur wegen ihres Geschmacks waren die Früchte beliebt.

Viele glaubten früher an eine medizinische Wirkung der Erdbeeren. Der Botaniker Carl von Linné berichtete, wie er sich mit Hilfe großer Mengen Erdbeeren von seinem Gichtleiden kuriert hat. Litt man an Harnwegsbeschwerden, Halsschmerzen, Geschwüren oder Verletzungen im Mundraum sollen Erdbeeren wirkungsvolle Heilmittel gewesen sein. Schwächliche und Blutarme bekamen durch sie neuen Schwung. Man glaubte, dass für jede dritte Beere ein neuer Blutstropfen entstand.

Im 16. Jahrhundert galten Erdbeeren als Universalmittel gegen alles, von blutenden und chronischen Wunden bis Kolik sowie Leber- und Nierenentzündung. Noch wirksamer waren sie gegen Zahnausfall. Er ist ein Symptom bei Skorbut, das durch die Verabreichung von Vitamin C wieder verschwand.

In der Regel begnügt man sich aber nicht mit dem Verspeisen der ersten drei saftigen und sonnenwarmen Beeren, sondern es folgen noch viele mehr. Es duftet ja auch so verlockend. Das lateinische „fragrare“ (=duften) steckt sowohl im Namen *Fragaria* und findet sich auch im englischen Wort „fragrance“ (=Duft) wieder.

Eher selten kehrt man deshalb auch mit so vielen Erdbeeren nach Hause zurück, um sie noch servieren zu können. Mit ein wenig Selbstdisziplin lassen sich jedoch kulinarische Köstlichkeiten zaubern. Man sollte es nicht beim Begießen mit Milch belassen. Gönnen Sie sich etwas Luxus zu den kleinen Beeren mit dem großen Geschmack.

Merkmale
Erdbeeren sind botanisch gesehen keine Beeren, sondern Sammelnussfrüchte. Viele kleine Nüsschen sitzen auf der verdickten Blütenachse. Mit zunehmender Reife verfärbt sich diese von Grün nach Rot. Die dreiteiligen Blätter sind grob gesägt und leicht zu erkennen.

Standort
Wald-Erdbeeren wachsen auf frischen, nährstoffreichen Böden in Gebüschen und Laubwäldern. Um richtig süß zu werden, benötigen sie viel Sonne und Licht. Sie sind deshalb oft an sonnigen Wegrändern und in Waldlichtungen zu finden. Sie wachsen im ganzen Land, aber seltener im westlichen Nord- und in Mitteldeutschland.

Wald-Erdbeeren-Salat

- **grüner Salat**
- **Rucola-Salat**
- **rote Grapefruit**
- **Frühlingszwiebel**
- **Wald-Erdbeeren**
- **Nussöl**
- **Thymian, Salz, Pfeffer**

Dies ist eine raffinierte und ungewöhnliche Art, Erdbeeren zu genießen, die an einem warmen Sommertag herrlich frisch ist. Salate zerrupfen, auf einem Teller anrichten. Grapefruit rundum schälen, sodass auch die dünne Haut, die das Fruchtfleisch umgibt, entfernt wird. Fruchtfleisch durch Einschneiden entlang der feinen Scheidewände als Filets herauslösen. Filets auf dem Salat verteilen. Frühlingszwiebel schräg in Streifen schneiden und zusammen mit den Erdbeeren über den Salat streuen. Der Salat enthält bereits Säure genug, sodass das Dressing nur noch aus Nussöl, abgeschmeckt mit Thymian, Salz und Pfeffer, besteht.

„Sennerinnen-Sonntag“

- **Frischkäse**
- **rosa Pfeffer**
- **Wald-Erdbeeren**
- **geräucherter Schinken**
- **Thymian**

Frischkäse geschmeidig rühren und mit rosa Pfeffer abschmecken. Erdbeeren grob zerteilen und untermischen. Einige ganze Erdbeeren zum Dekorieren zurückbehalten. Jeweils 1 TL Creme auf eine dünne Scheibe Schinken geben und diesen zu einer Spitztüte zusammenrollen. Je eine Erdbeere auf einen Zahnstocher spießen, die Spitztüten damit feststecken. Mit frischem Thymian bestreuen. Ein großes grünes Blatt dient als schmuckvoller Teller.

Schneeweißchen und Rosenrot

- **1 Vanilleschote**
- **Sahne**
- **Zucker**
- **Crème fraîche**
- **Orangenlikör oder Sherry**
- **Schale einer ungespritzten Apfelsine**
- **Wald-Erdbeeren**

Vanillestange auskratzen. Sahne zusammen mit Zucker und der Vanille steif schlagen. Etwa die gleiche Menge Crème fraîche untermischen. Mit einem Schuss Orangenlikör oder Sherry abschmecken und ein wenig Orangenschale darüberreiben. Erdbeeren auf einen Getreidehalm ziehen oder ganz einfach großzügig über die Creme verteilen.

Schwarzer Holunder

Sambucus nigra

Wenn der Holunder seine großen Schirme mit Hunderten kleiner cremeweißer Blüten ausbreitet, werden nicht nur die Bienen vom Wohlgeruch angelockt. Aber um Holunderblüten zu pflücken, muss man behutsam vorgehen.

Nach altem Volksglauben muss man sich dem Holunder ehrfürchtig und respektvoll nähern. Denn als Gegenleistung dafür, dass er Mensch und Haus beschützte, musste er gut umsorgt werden. Trotzdem durfte man sich zum Hausgebrauch an ihm bedienen. Er wurde bei vielen Krankheiten als Heilmittel eingesetzt.

Dabei wurden nicht nur Blüten und Beeren verwendet. Masern sollten mit Holunderzweigen „hinweggepeitscht" werden, empfahl Plinius der Ältere, ein römischer Offizier und Beamter, der unter anderem Schriften über Heilkräuter verfasste. Die Blüten wurden als harntreibendes Mittel verwendet und die Wurzeln gegen Wassersucht und Schlangenbiss. Wollte man die Borke benutzen, war die Richtung entscheidend, in der man sie abschälte: aufwärts wurde sie zum Brechmittel, abwärts sollte sie abführend wirken. Wer über Zahnschmerzen klagte, sollte schweigend ein Stück Rinde abschneiden. Dieses Stück musste in die schmerzende Stelle gestochen werden. Anschließend musste man es an den Stamm zurücksetzen. Die Schmerzen sollten dadurch an den Stamm übergehen.

Einst dachte man, der angenehm süßliche Duft verscheuche Fliegen und Ungeziefer. Auch Hexen sollten durch ihn vertrieben werden. Den Menschen jedoch sollten die Blüten guttun. Holunderblüten in der Johannisnacht gepflückt, in Butter gebraten und verspeist, halten das Fieber das ganze Jahr über fern, lehrte die Volksmedizin.

Die gerade aufgeblühten Blüten sind frisch über Salate und Desserts gestreut, in Gelées oder zum Aromatisieren von Marmeladen sehr wohlschmeckend. Will man sie als Tee verwenden, trocknet man sie am besten vorab in der Sonne. So verhindert man, dass sie braun werden.

Merkmale
Holunderbüsche werden je nach Standort 3–4 m hoch. Die Blätter ähneln Eschenblättern mit mehreren paarweise angeordneten Seiten- und einem Endblatt. Die einzelnen Blüten sind sehr klein und haben 5 Kronblätter und 5 Staubblätter. Sie sind gelbweiß und sitzen an großen, flachen Schirmen dicht nebeneinander.

Standort
Der schwarze Holunder ist einer unserer häufigsten Sträucher. Er ist stickstoffliebend und ausgesprochen frosthart. Er wächst im ganzen Land an Waldrändern, auf Lichtungen, in Hecken und Gebüschen und an Schuttplätzen. Er wird auch kultiviert.

Hollerküchle

- 1 Ei
- 60 g Mehl
- 75 ml Milch
- Vanillezucker
- Salz
- ½ EL Puderzucker
- Butter zum Anbraten
- Holunderblüten

Aus Ei, Mehl, Milch, Vanillezucker, Salz und Puderzucker einen glatten Teig anrühren. Butter in einer Pfanne goldgelb werden lassen. Blüten am Stiel fassen, kopfüber in den Teig tauchen. Möglichst flach ausgebreitet in die Pfanne setzen und braten, bis der Teig fest und die Unterseite hellbraun ist. Erdbeeren passen gut dazu: im Mixer pürieren, mit Honig oder Puderzucker süßen und etwas Sherry darübergießen.

Holunderblütensaft

- 2–3 Zitronen (ungespritzt)
- 20–25 Holunderblütendolden
- 1,5 l Wasser
- 1,5 kg Zucker
- 50 g Zitronensäure

Zitronen waschen. Schale abreiben, Saft auspressen. Zitronenschale und Holunderblüten in ein großes Glas legen. Wasser mit Zitronensaft und Zucker aufkochen, Zucker unter Rühren auflösen. Man kann Zimt oder eine Vanillestange hinzufügen. Vom Herd nehmen, Zitronensäure einrühren, die warme Flüssigkeit über die Blüten gießen. Glas schließen, an einem kühlen Ort etwa 1 Woche stehen lassen. Täglich schwenken. Den Saft abseihen, in gut verschließbare, sterilisierte Flaschen füllen. Am besten im Keller oder Kühlschrank aufbewahren. Soll der Saft bei Raumtemperatur haltbar sein, muss mehr Zucker zugefügt werden. Der Saft ist erfrischend an einem warmen Spätsommertag, verdünnt mit Wasser oder Eis. Er kann auch zum Sorbet verarbeitet oder zum Marinieren von Erdbeeren sehr gut verwendet werden.

Dost *Origanum vulgare*

Zerreiben Sie einige Dostblätter zwischen den Fingern. Es entströmt sogleich ein Aroma, das in Ihnen Erinnerungen wecken wird: an den Italien-Urlaub, an die kleine Trattoria am Mittelmeerstrand, in der es so unvergesslich duftete.

Es duftet nach Oregano, dem wilden Dost. Heute wird Oregano fast nur noch mit Pizza in Verbindung gebracht. Das liegt daran, dass frühere Kenntnisse vergessen sind. Denn einst wurde wilder Oregano zum Würzen auch in der deutschen Küche verwendet. Man würzte Gemüse-, Fleisch- und Fischgerichte, Gerichte aus Innereien und hausgemachte Würste mit ihm.

Man verwendete Dost aber nicht nur wegen seines guten Geschmacks. Berghopfen, Bergminze, Frauendosten, Ohrkraut, Venuskraut oder Wohlgemut, wie er auch genannt wird, hat auch krampflösende und wundheilende Eigenschaften. Appetitlosigkeit konnte mit Dost abgeholfen werden. Daneben war er ein Symbol für Glück. Frauen schützte er gegen Zauberei und böse Mächte im Braut- oder Wochenbett.

Lange war die Erinnerung an den Dost verschwunden. Wir mussten erst zu Südreisenden werden, um erneut zu entdecken, welche Wirkung ein kleiner Kräuterzweig dieser Pflanze entfaltet. Bundweise kauften Touristen die getrockneten Kräuter als essbares Souvenir. Dabei wächst der würzige Dost doch auch bei uns, an einem sonnigen Hang.

Dost wird gepflückt, wenn er zu blühen beginnt. Man findet ihn dann leicht. Frische Blätter und Blüten können in Salaten oder als Garnitur über Aufschnitt und Kartoffeln verwendet werden. Der feine Kräutergeschmack lässt sich bis zum Gebrauch im Winter gut bewahren. Dazu bindet man kleine Sträuße und trocknet sie an einem luftigen Ort. Danach ist es leicht, Blüten und Blätter von den Stielen abzustreifen und in dicht schließende und dunkle Gläser zu füllen. So bleibt das Aroma erhalten. Schön ist es auch, ein paar Bunde wegen der Gemütlichkeit als Dekoration in der Küche aufzuhängen.

Brot mit Dostblättern

- **1 kleine Handvoll getrockneter Tomaten**
- **700 g Weizenmehl**
- **1 Päckchen Trockenhefe**
- **1 TL Meeressalz**
- **75 g Parmesan, gerieben**
- **½ EL getrockneter Dost**
- **50 ml Olivenöl**
- **200 ml lauwarmes Wasser**
- **schwarze, entsteinte Oliven**

Tomaten einweichen, in Streifen schneiden. Mehl, Hefe, Salz, Käse und Dost mit Olivenöl und Wasser zu einem Teig verrühren. Etwas Dost und Käse zum Bestreuen zurückhalten. Aus der Schüssel nehmen, 5 Minuten kneten. Oliven in Scheiben schneiden, mit Tomaten unter den lockeren Teig mischen. Zu einer Kugel formen, auf Backpapier zu einem runden Kuchen 1–2 cm dick ausrollen. Ein paar Stunden mit Folie abgedeckt an einem warmen Ort gehen lassen. Großzügig mit Öl bestreichen, mit Dost, Salz, Käse und evtl. Sesam bestreuen. Bei 220 °C 20 Minuten im Ofen backen. Das Brot mit Dostblättern passt hervorragend zu Suppe.

Merkmale
Die rosalila Blüten des Dostes sitzen vereint in rispenähnlichen Blütenständen an den Spitzen der Stängel. Jede Blüte bildet einen Trichter aus verwachsenen Kronblättern, aus dem Staubblätter herausragen. Die Pflanze wird 40–50 cm hoch. Zerriebene Blätter riechen ganz typisch nach Oregano.

Standort
Dost benötigt viel Sonne und Wärme, aber wenig Feuchtigkeit und Nährstoffe. Er wächst an hageren, sonnigen Hängen mit trockenen, leichten Böden. Er braucht kalkhaltigen Untergrund. In Deutschland ist er im Süden und Westen verbreitet neben zerstreuten Vorkommen im Osten und Nordosten.

Johanniskraut

Hypericum perforatum

Wer könnte glauben, dass dramatische Legenden, Heiligtum, Teufelei und Glück mit dieser kleinen, unscheinbaren Pflanze verknüpft sind? Nur alter Aberglaube? Nein, das mit dem Glück ist tatsächlich richtig …

Auf den ersten Blick wirken die Blüten des Johanniskrauts vielleicht einfach. Aber lassen Sie sich nicht täuschen. Vertraut man dem Volksglauben, ist diese Pflanze in der Lage, den Teufel höchstpersönlich in die Flucht zu schlagen.

Die Legenden um den Ursprung des Johanniskrauts sind blutrünstig: Als der Kopf Johannes des Täufers in einer Schüssel herbeigetragen wurde, fielen einige Tropfen seines Blutes zu Boden. Aus diesen sollen die ersten Johanniskräuter gewachsen sein. Andere meinen, es sei das Blut von Jesus Christus am Kreuz gewesen. Ein Gewächs, das von so viel Blut genährt wurde, musste den Teufel reizen. Er durchstach die Blätter mit Tausenden von kleinen Nadelstichen (*perforatum*), damit es verwelke. Wenn man die Pflanze zwischen den Fingern verreibt, soll der Teufel mit seinen Gesellen verschwinden. Wir selbst bleiben jedoch mit blutroten Fingern zurück.

Diese dramatische Wirkung ruft der Farbstoff Hypericin hervor. Er befindet sich in Drüsen unterhalb der gelben Kronblätter. Man kann sie als kleine schwarze Punkte erkennen. Sie lassen die Kronblätter durchlöchert erscheinen. Dies könnte der Grund für die Assoziation der Dornenkrone Christi gewesen sein. Man interpretierte dies als ein Zeichen Gottes: Johanniskraut musste folglich alle Arten von Stechwunden und Blutungen heilen können.

Schon seit Langem verwendete man Johanniskraut gegen Depressionen. Im 16. Jahrhundert schrieb der Schweizer Arzt und Alchemist Paracelsus: „Jeder Arzt sollte wissen, dass unser Herrgott ein großes Geheimnis in das Kraut hineingelegt hat, um Geister und Fantasien, die Menschen an den Rand der Verzweiflung bringen, zu besiegen." Später hat man Inhaltsstoffe nachgewiesen, die gegen Schlaflosigkeit, Angst und Depressionen wirken. Ein Johanniskrautextrakt kann Leiden ebenso gut lindern, wie so manch teures Medikament.

Wir nutzen dies und stellen tiefrot gefärbte Genusstropfen aus dem Johanniskraut her. Eine kleine Warnung noch, bevor Sie das Glas heben: Die Einnahme größerer Mengen an Johanniskraut kann die Wirkung anderer Medikamente wie Asthma- und Herzmedikamente und auch die der Antibabypille herabsetzen.

Glückstropfen

› Johanniskrautknospen und -blüten
› 40 %iger Alkohol

Blüten und Knospen in ein weithalsiges Glas füllen, mit Alkohol bedecken. Die Mischung ziehen lassen. Einige meinen, dass 4–5 Tage ausreichen, andere geben ihr zwei Wochen. Dann die rubinrote Essenz abseihen. Der Geschmack ist intensiv und muss mit Alkohol und Wasser verdünnt werden. Evtl. muss auch mit Zucker gesüßt werden, bis Sie einen Schnaps nach Ihrem Geschmack erhalten.

Merkmale
Die Pflanze hat eine recht steife Wuchsform und wird 30–40 cm hoch. Die Blütenblätter sind gelb mit deutlichen schwarzen Flecken auf der Unterseite. In der Mitte stehen die Staubblätter wie eine Krone um die Narbe herum. Bis in den Herbst kommen vereinzelte Blüten nach. Die Blätter sind durchscheinend punktiert.

Standort
Johanniskraut bevorzugt helle und offene Stellen entlang von Wegrändern, Böschungen, Brachen, Gebüschen, Waldrändern und Lichtungen. Es erträgt trockene Böden und dominiert dort, wo konkurrenzstärkere Pflanzen fehlen. Die Art ist im ganzen Land verbreitet.

Wiesen-Kümmel

Carum carvi

Es ist ein merkwürdiger Gedanke, wenn man die kleinen Samen in der Hand hält und weiß, dass schon Menschen in der Steinzeit diese geerntet haben. Beißt man auf die kleinen braunen Körner, weiß man sogleich, wieso sie damals schon so beliebt waren.

Sie haben vielleicht im Frühjahr schon Kümmel gestochen (siehe S. 24)? Dann kennen Sie ja wahrscheinlich auch schon gute Kümmelpflanzen-Standorte? Dann kehren Sie im Spätsommer noch einmal dorthin zurück, denn nun reifen die kleinen Früchte, die so vielen Gerichten unserer traditionellen Küche einen ganz wunderbaren Geschmack verleihen.

Kümmel gehört zu den ältesten Gewürzen der Menschheit. Man setzt ihn schwer verdaulichen Speisen zu, wie Kohl und fetten Fleischgerichten. Brot und Käse gibt er eine pikante Note. Auch sehr gut schmecken ofengebackene Kartoffeln oder Pellkartoffeln mit Kümmel bestreut. Im bekannten Aquavit ist Kümmel einfach ungeschlagen. Auch in Liebestränken verarbeitete man Kümmel viel.

Dass Kümmel in Zusammenhang mit Fett und faserreicher Kost verwendet wird, hat gute Gründe. Er hatte schon immer den Ruf, verdauungsfördernd zu wirken und Gasbildung vorzubeugen. Kümmelfrüchte sollten auch vor Zauberei und Hexerei schützen. Besonders gebärende Frauen und ungetaufte Kinder musste man davor beschützen. So war es vielerorts üblich, nach der Geburt eine Grütze mit großen Mengen an Kümmel zu essen. Dies war ein guter Brauch, denn die pharmazeutische Forschung hat später gezeigt, dass die Inhaltsstoffe im Kümmel nicht nur antiseptisch wirken, sondern auch die Milchbildung bei Frauen fördern.

Am besten sammelt man die Kümmelfrüchte, bevor sie ganz reif sind. Sie verfärben sich dann von grün nach braun. Binden Sie kleine Sträuße und hängen Sie diese zum Nachreifen an einen luftigen Ort. Wenn Sie die Früchte später pflücken, springen sie sehr leicht vom Stängel ab, was die Verarbeitung erschwert. Man kann dann aber die ganzen Dolden in Plastiktüten stecken und zuhause aussortieren: die losen Früchte zum Trocknen ausbreiten und die, die noch an den Dolden hängen, als Sträuße aufhängen. Sie lassen sich später leicht abzupfen.

Merkmale
Kümmel wird etwa 40 cm groß und besitzt große weiße Blütendolden. An diesen bilden sich später die Kümmelfrüchte. Sie sind etwa 4 mm lang mit deutlichen längs verlaufenden Rippen. Sie sind braun, oft mit einem Rosaschimmer. Zerbeißt man sie, erkennt man sofort den charakteristischen Geschmack. Die Früchte ähneln etwas denen des Wiesenkerbels. Letztere sind allerdings größer, dunkler und geschmacklos.

Standort
Kümmel wächst gerne an hellen und offenen Standorten. Er ist ein Kulturfolger und wächst entlang von Weiden und Äckern, auf Wiesen und an Wegrändern, wenn die Konkurrenz nicht zu groß ist. Die Pflanze ist im ganzen Land verbreitet.

Kümmelleckerei

- **TK-Blätterteig**
- **1 Ei zum Bestreichen**
- **Kümmelfrüchte**
- **geriebener Parmesankäse**
- **grobes Salz**

Teig 15 Minuten auftauen, zu einem Quadrat in der Breite des Nudelholzes ausrollen. Mit einem Teigrädchen oder scharfen Messer in 16 gleich große Dreiecke zerteilen: erst zweimal diagonal, dann quer und längs schneiden und zum Schluss die Dreiecke noch einmal halbieren. Mit Ei bestreichen. Kümmel, Parmesan und Salz darüberstreuen. Auf Backpapier bei 220 °C ein paar Minuten backen. Der Teig geht stark auf, wird spröde und goldgelb. Gut aufpassen, da er schnell anbrennt. Alternativ getrockneten Dost verwenden.

Herbst

Zeit der Reife

Die gewaltige Kraftentfaltung des Sommers neigt sich dem Ende zu. Ein friedlicher Rhythmus, ein ruhiger Puls fließt. Üppig und trächtig steht die Natur und saugt noch die letzten Sonnenstrahlen in sich hinein. Saures wird süß, Hartes wird weich. In Früchten und Samen liegt bereits der Keim für die Fruchtbarkeit des kommenden Jahres. Eines Morgens wird das Grün gelbe Ränder bekommen haben. Es eilt nun mit dem Sammeln von Pilzen und Beeren. Denn bald kommt der Frost, und alle Früchte fallen zu Boden und werden zur Nahrung für die des nächsten Jahres.

Den Herbst erleben

Bienen und Blüten haben ihre Pflicht getan. Alles ist bestäubt und befruchtet, alle Dienste für dieses Jahr geleistet. Die Grundlage für die Fruchtbarkeit im nächsten Jahr ist gelegt. Früchte mit Schirmchen oder Flügelchen wirbeln im Wind, verhaken sich in Tierpelz und Kleidung. Beeren locken, werden von Vögeln verspeist und verbreitet.

Die Natur ist reich und spendabel. Sie hat mehr produziert, als sie selbst zum Eigenbedarf benötigt – genug für alle emsigen Hände, die sammeln und die reichen Aromen des Herbstes genießen wollen. Auf in die Wälder und Berge.

Total „auf Beerentour"?

Einst war es ein regelrechter Volkssport. Man befüllte einen Rucksack mit Proviant und heißem Tee. So gerüstet startete man in die Beeren. Es wurde gesammelt, entsaftet und eingeweckt. Das ist heute nicht mehr so.

Warum mühevoll sammeln, wenn sich die Ladenregale unter der Last fertiger Marmeladen biegen? Weil es nicht dasselbe ist. Keine gekaufte Marmelade kann mithalten mit den waldfrischen, selbst gepflückten Beeren. Diejenigen, die es ausprobieren, werden es verstehen. Man gebraucht seine Sinne, riecht, fühlt, schmeckt. Das bedeutet nicht, dass man kiloweise Beeren pflücken muss. Schon ein paar Hände voll sind genug, um ein herbstliches Mahl zu verfeinern. Man muss dabei nicht bei alten Traditionen bleiben. Experimentieren Sie. Probieren Sie neue Rezepte aus und erleben Sie die Beeren anders. Vielleicht probieren Sie auch einmal neue Früchte? Früchte, von denen Sie bisher noch nicht wussten, dass man sie essen kann. Andere nördliche Länder machen es uns vor. Besonders in Skandinavien hat das Sammeln einen hohen Stellenwert. Dort kennt man jedoch noch ganz andere Beeren als bei uns zum Beispiel die Ackerbeere *(Rubus arcticus)*. Aus dieser himbeerähnlichen Frucht stellen die Finnen ihren köstlichen Mesimarja-Likör her. Ebenfalls bekannt und köstlich ist die norwegische Moltebeere. Wir stellen auch sie mit passenden Rezepten vor. Aber Vorsicht: Sie ist in Deutschland sehr selten geworden und daher streng geschützt. Sie sollten bei dieser Frucht unbedingt auf Wildsammlungen verzichten und ausnahmsweise auf Handelsware zurückgreifen.

Jede Region hat ihre Beeren

Sanddorn *(Hippophaë rhamnoides)* können Sie vor allem an der Küste, im Oberrheingebiet und im Alpenraum finden. Die Vitamin- C-reichen, orangegelben Beeren wachsen an hohen Sträuchern mit schmalen, silbergrünen Blättern.

Die letzte Beerentour des Jahres können Sie in norddeutsche Moore oder in die Mittelgebirge und Alpen unternehmen, wo die Moosbeeren *(Vaccinium oxycoccos)* wachsen. Diese schmecken am besten nach einigen Frostnächten. Die Beeren sind an den dünnen, kriechenden Stängeln schwer zu finden. Sie gehören zu einem Festmahl, gekocht mit Rotwein, Zucker und etwas Zimt.

Tipps für die Beerentouren

Beeren findet man von der Küste bis zum Hochgebirge, auf kriechenden Ranken, an Büschen und in Baumkronen.

- Die meisten Beeren sind leicht erkennbar. Aber es gibt auch solche, die verführerisch aussehen, die man aber besser nicht isst. Bringen Sie den Kindern bei, erst zu fragen, bevor sie probieren.
- Auch Beerenmischungen schmecken sehr gut – falls Sie mal nicht genug von einer Sorte finden. Erfinden Sie Ihre ganz persönlichen Marmeladen-Kreationen.

Ausrüstung für die Beerentouren

- Taschen, Tüten oder Körbe sollten immer dabei sein. So landen unerwartete Funde nicht in der Anoraktasche. Diese kommen selten wohlbehalten zu Hause an.
- Besorgen Sie sich einige leichte Plastikeimer, die gute Griffe haben. Diese wiegen nicht viel, sind leicht zu reinigen und es gibt sie in vielen Größen. Ein Deckel schützt vor schmerzlichem Verlust, falls man stolpert. Alte Milchkannen sind ebenfalls gut geeignet, besonders wenn sie sich nach oben verjüngen. Die Beeren fallen dann nicht so leicht heraus. Mit ein wenig Glück findet man solche Kannen auf dem Flohmarkt.

Tipps zur Zubereitung

Gibt es in einem Jahr viele Beeren, so können Sie den Geschmack des Spätsommers und des Herbstes während des ganzen Jahres genießen.

- Ein grobes Sieb ist nützlich, um Schmutz, Blätter und Baumnadeln von den Beeren zu trennen. Beeren ausbreiten und vorsichtig schütteln, so dass Schmutz hindurchfällt, während die Beeren liegen bleiben.
- Preiselbeeren sind wegen ihrer harten Schale sehr gut zum Einfrieren geeignet – ohne oder mit wenig Zucker. Die Zellen werden dabei aber zerstört, sodass sie beim Auftauen weich werden. Am besten zu Kompott verarbeiten.
- Früher wurde Marmelade mit viel Zucker gekocht. Dabei kann man ausgezeichnete Marmelade schon mit 350 – 500 g Zucker pro kg Beeren herstellen. Sie wird nicht so fest, aber genauso gut. Haltbar ist sie auch, wenn man sie kochend in warme und saubere Gläser füllt. Sofort dicht zudrehen. Fertiges Einmachpulver hat meist einen leichten Beigeschmack.
- Um Saft haltbar zu machen, muss man viel Zucker oder Konservierungsmittel zusetzen. Man kann den Saft aber auch durch Kochen aufkonzentrieren und ihn dann einfrieren. So hält er sich auch mit wenig Zucker. Aber Vorsicht: Flaschen nicht komplett befüllen. Die Flüssigkeit dehnt sich beim Gefrieren aus und die Flaschen platzen dann.
- Zum Trocknen sind Beeren geeignet, die nicht so sehr saftig sind. Diese können dann als Tee oder auch im Müsli untergemischt verwendet werden.

Steinbeere

Moosbeere

Im Reich der Pilze

Es ist wie ein Wunder: Erst ist kein einziger Pilz zu sehen. Eine Woche später ist der ganze Wald voll. Ebenso plötzlich sind sie auch wieder weg, als wären sie nie da gewesen. Es scheint wie Zauberei, wenn der Wald so jäh zum Schwelgen auffordert. Was geht da vor, im Pilzreich?

In alten Zeiten fanden die Menschen ihre eigenen Erklärungen für den merkwürdigen Lebenszyklus der Pilze: Hier mussten Hexerei und Zauberei mit im Spiel sein! Oder konnten es Blitz und Donner sein, die solch merkwürdige Auswüchse verursachten? Sie sitzen nicht fest in der Erde, sie haben keine Wurzeln und tragen keine Früchte – man fragte sich, wie sie so überhaupt leben konnten?

Das, was wir Pilz nennen, ist nur der sichtbare Fruchtkörper des Organismus'. Unter der Erde besitzt der Pilz Hyphen. Diese langen dünnen Fäden bilden ein dichtes Netzwerk, das das Erdreich großflächig durchzieht. Viele Pilze leben in Symbiose mit Baumwurzeln. Sie entnehmen ihnen Nahrung, während sie selbst Mineralstoffe und Wasser aus dem Boden herauslösen und den Baumwurzeln verfügbar machen.

Noch immer beherbergt das Pilzreich Geheimnisse, auf die Wissenschaftler Antworten suchen. Früher hat man Pilze zu den Pflanzen gezählt. Aber in vielerlei Hinsicht haben sie eigentlich mehr mit dem Tierreich gemeinsam. Jetzt werden sie als eigenes Reich betrachtet: vom kleinsten Hefe- und Schimmelpilz bis zum kolossalen Riesen-Bovist, der etliche Kilogramm wiegen kann.

Pilze sicher bestimmen – geht das?

Jeden Herbst können wir sogar in Tageszeitungen lesen, wie absolut sicher einige Pilze zu erkennen seien. Aber ebenso regelmäßig erfahren wir von Menschen, die sich mit gesammelten Pilzen vergiften. Also, wie sicher können wir sein?

Erstaunlich, wie leicht man die Pilze verwechselt, seufzt der Anfänger. Unglaublich, wie unvorsichtig die Leute sein können, seufzt der Pilzkenner. Beide haben recht. Obwohl sie typische Merkmale besitzen, werden Weißer Knollenblätterpilz und Champignon, giftiger Schleierling und Pfifferling verwechselt.

Zu den sichersten Anfängerpilzen gehören Pfifferlinge, Semmelstoppelpilz und Rotgelber Stoppelpilz, Edelreizker und Schopftintling. Sie sind leicht zu bestimmen, und es gibt keine Giftpilze, die ihnen ähnlich wären. Viele rechnen auch den Schaf-Porling dazu, aber hierzu gibt es den Semmel-Porling als giftigen Doppelgänger.

Köstliche Vielfalt

Zwischen den Röhrenpilzen gibt es noch mehr Leckereien zu finden außer Steinpilz und Rotkappe: der Gold-Röhrling *(Suillus grevillei)*, der ausschließlich unter Lärchen wächst, und der Maronen-Röhrling *(Xerocomus badius)* mit seinem dunklen Hut.

Wenn Sie die Täublinge erst etwas besser kennen, macht sich das bald im Pilzkorb bemerkbar. Täublinge *(Russula)* gibt es in den verschiedensten Farben – Grau und Weiß bis Gelb, Grün, Rot und Braun. Ihr Fuß hat eine charakteristische Konsistenz. Er hat keine Fasern, und das Fleisch wird als käseartig beschrieben.

Auch den Großen Schmierling *(Gomphidius glutinosus)* sollten Sie kennenlernen: gelb, tief unten am Fuß mit einem grauen Hut, von einer gelartigen Schicht bedeckt. Sie kann beim Teilen des Pilzes leicht abgezogen werden.

Noch ein paar Tipps: Champignons und Knollenblätterpilze haben beide einen Ring um den

Täublinge

Fuß. Aber Champignons haben immer rosa bis braune Lamellen. Der Knollenblätterpilz dagegen hat immer weiße Lamellen, auch wenn sonst Hutfarbe und -form leicht mit dem Champignon verwechselt werden können.

Die Schleierlinge sind eine große Familie. Sie sehen meist verlockend aus, können aber sehr giftig sein. Wenn Sie einen Blick unter Hut und Lamellen werfen und sehen, dass der Fuß einen spinngewebsartigen, dunklen Schleier hat, lassen Sie ihn stehen!

Sammeln im Herbstgebirge und im Herbstwald

Empfinden Sie Wehmut, wenn der Herbst kommt und die Tage kürzer und kälter werden? Dann suchen Sie Pilze. Das ist eine gute Alternative zur Herbstmelancholie.

Um ein erfahrener Pilzsucher zu werden, müssen Sie alle Sinne schärfen. Merken Sie sich Farben, Formen und charakteristische Merkmale. Erfühlen Sie Oberfläche und Konsistenz. Auch Geruch und Geschmack sind häufig aufschlussreich. Aber probieren Sie einen Pilz nur dann, wenn Sie ihn sicher bestimmt haben. Dazu benötigen Sie ein gutes Pilzbuch. Dann können Sie sicher eigene Erfahrungen sammeln.

Pilze sind nicht beständig wie Preiselbeeren. Sie können uns verwirren, kommen früh im Jahr, spät oder gar nicht. In einem Jahr finden wir kiloweise Steinpilze. Im nächsten Jahr ist der Wald wie leer gefegt. Kein Pilz ist zu sehen, auch wenn sie trotzdem da sind. Sie leben nur ihr verstecktes Leben unter der Erde.

Guter Rat beim Bestimmen

Für Anfänger ist es leicht, in Begeisterung zu verfallen: Der Wald ist ja voller Pilze und viele sehen köstlich aus. Aber halt! Werfen Sie sich nicht unkritisch auf alles, was Sie finden, um dann zur Pilzkontrolle zu laufen. Der Wald ist nämlich auch voll von Pilzen, die nicht in den Pilzkorb gehören. Lesen Sie zuerst im Pilzbuch nach, machen Sie sich mit zwei bis drei gewöhnlichen Pilzarten vertraut und weiten Sie nach und nach Ihr Repertoire aus.

Dann ist die Zeit reif, zur Pilzkontrolle zu gehen, und hier gibt es viel zu lernen. Verfolgen Sie alles gut mit, wenn die Funde dort sortiert werden. Fragen Sie die Kontrolleure, woran sie die Arten unterscheiden. Fragen Sie, ob Sie zusehen dürften, wenn Körbe anderer untersucht werden. Auch Pilzschulen bieten hilfreiche geführte Exkursionen an.

Nach und nach, wenn Sie Feuer gefangen haben und mehr lernen möchten, ist ein umfassendes Pilzbuch über die heimischen Arten notwendig. Es ist wichtig, dass das Buch nicht veraltet ist. In alten Büchern werden oft noch Arten als gut und essbar beschrieben, vor deren Verzehr man heute warnt.

Großer Schmierling

Tipps für das Pilzsammeln

Es gibt keine Faustregeln für das Aufspüren von Pilzen. Einige Pilze bevorzugen Laubwälder, andere Nadelwälder, einige wachsen auf Totholz, andere im Gras. Anfänger sollten trotzdem in einem alten, Moos- und Altholz-reichen Wald beginnen. Hier ist die Artenvielfalt groß, und hier können Sie auch viele der leicht bestimmbaren Arten finden.

- Gehen Sie nicht bei Regen auf Pilzsuche. Nasse Pilze kann man nur schwer reinigen und zubereiten.
- Zerschneiden Sie Pilze am besten immer und gucken Sie nach Maden. Wurmstichige Teile noch vor Ort entfernen.
- Beim geringsten Zweifel darüber, was Sie gefunden haben, werfen Sie den Pilz weg oder bringen Sie ihn zur Pilzkontrolle. Besser einen Drei-Sterne-Pilz wegwerfen, als einen giftigen zu essen.
- Wollen Sie zuhause einen unbekannten Pilz anhand eines Buches bestimmen, nehmen Sie ein komplettes Pilz-Exemplar mit ganzem Stiel mit.
- Man erinnert sich schlecht, was man wo wann gefunden hat. Führen Sie ein kleines Logbuch und machen Sie Notizen, die für das nächste Jahr nützlich sein könnten. Besonders hilfreich ist es, gute Pilzstandorte aufzuschreiben.

Ausrüstung für das Pilzsammeln

- Beschaffen Sie sich einen festen Pilzkorb. Das Wichtigste ist, das der Griff gut befestigt ist. Geflochtenes Rattan oder Weidenruten sind ausgezeichnete Materialien.
- Ein gutes Pilzbuch mitnehmen. Es gibt genügend, die in die Hosentasche passen.
- Ein gutes Messer muss mit dabei sein. Auch eine kleine Bürste oder ein Backpinsel zum Säubern. Es gibt spezielle Pilzmesser, die am Schaft eine kleine Bürste haben.
- Nehmen Sie ein paar Papiertüten mit, damit die Pilze gleich sortiert werden können. Kein Plastik, denn Pilze brauchen Luft. Sie werden sonst schmierig und verderben schnell. Bekannte und unbekannte Pilze niemals im Korb mischen. Die, über die Sie im Zweifel sind, dürfen nicht in Kontakt mit den Speisepilzen kommen.

Tipps zur Zubereitung

Pilze sind empfindliche Rohwaren, die man vorsichtig behandeln muss.

- Ohne Wasser reinigen und nur abbürsten, sonst werden Geschmacksstoffe ausgewaschen und die Pilze saugen sich außerdem voll mit Wasser.
- Die einzigen Speisepilze, die in maßvollen Mengen roh gegessen werden können, sind Steinpilze und Champignons. Alle anderen Pilze müssen gegart werden.
- Trockene und feste Pilze schmecken sehr gut in Butter oder Öl in einer warmen Pfanne gebraten.
- Waldpilze, die viel Feuchtigkeit enthalten, in eine trockene Pfanne legen, bis sie Flüssigkeit abgeben, diese einkochen lassen, Fett zugeben und die Pilze goldbraun braten.
- Pilze, die eingefroren werden sollen, in eine trockene Pfanne legen bis sie Flüssigkeit abgeben und dann mit dieser zusammen einfrieren. Verwenden Sie nur kein Fett. Das kann mit der Zeit auch im Gefrierfach ranzig werden.
- Zum Trocknen eignen sich nur beste Speisepilze. Immer zerschneiden, sonst schimmeln sie. Auf einem Rost oder Papier auslegen und auf dem warmen Boden trocknen.

Himbeere *Rubus idaeus*

Wenn zu Beginn des Herbstes rubinrote Früchte in den Himbeersträuchern hängen, hat die Natur eines ihrer intensivsten Aromen fertiggestellt. Wir machen es dann wie bereits unsere Vorfahren aus der Steinzeit: stürzen uns in die Schlemmerei. Der feine Geschmack wilder Himbeeren ist mit nichts zu vergleichen.

Selbst denen, die das Beerensammeln mühselig finden, sollte es ganz ohne Probleme gelingen, einen kleinen Eimer mit Waldhimbeeren zu füllen. Weder muss man mit krummem Rücken umherkriechen, noch verfärben sich die Finger dabei übermäßig.

Mitunter kann man auf sonnigen Waldlichtungen auf üppig tragende Himbeerbüsche stoßen. Man wundert sich: Wohnte hier einst jemand? War das einmal eine alte Siedlungsstätte? Oft sind derartige Lichtungen recht neuen Datums. Sie entstehen dort, wo stolze Bäume hungrigen Motorsägen zum Opfer gefallen sind. „Kahlschlag, was für eine Freveltat", denkt der, der die Natur als Erholungsgebiet nutzen will und wie eine schöne Postkarte betrachtet. Geäst, Baumstümpfe und Wunden überall, statt der tiefen stillen Ruhe des Waldes.

Doch sobald die Forstmaschinen abgerückt sind, wird es wieder still. Sonnenstrahlen erreichen den Boden seit langer Zeit erstmals wieder. Die Himbeerinvasion beginnt. Hellgrünes Leben sprießt. Auch Kleinwild erfreut sich sogleich an dem frischen saftigen Grün. In der Abenddämmerung steht es zufrieden bei den verführerischen jungen Sprösslingen.

Im ersten Jahr tragen die Sträucher zunächst noch keine Früchte. Ihre Ruten wachsen und strecken sich dem Licht entgegen. Blüten und Früchte erscheinen erst im zweiten Jahr. Nach der Fruchtreife sterben die Ruten dann gleich wieder ab. Denken Sie also nicht, dass die Himbeersträucher krank sind, wenn Sie viel trockenes und totes Gestrüpp sehen.

Die Himbeere gehört dem vornehmen Geschlecht *Rubus* an, ebenso wie Brombeere, Steinbeere und auch die Moltebeere. Den Zunamen *idaeus* erhielt sie, weil sie zuerst auf dem Berg Ida auf Kreta kultiviert worden sein soll. Bis zurück in die Steinzeit können wir die Leidenschaft der Menschen für die Himbeere zurückverfolgen. Bei alten Siedlungsstätten haben Archäologen große Mengen Samen gefunden, die auf den Verzehr von Himbeeren im großen Stil hindeuten. Vielleicht wurde von unseren Vorfahren sogar bereits Saft hergestellt.

Der englische Kräuterkundige und Arzt Nicholas Culpeper meinte im 17. Jahrhundert, der Himbeerstrauch gehöre der Venus. Ihm zufolge sollten die Früchte Herz und Magen stärken und Übelkeit beseitigen. Außerdem sollten sie das ungeborene Leben vor einer Fehlgeburt schützen.

Die Signaturenlehre leitet von der äußeren Form der Himbeere ab, dass diese bei Herzkrankheiten hilfreich ist. Farbe und Form der Früchte erinnern an das menschliche Herz. Für die meisten menschlichen Organe findet man „Doppelgänger" im Pflanzenreich. Diese Ähnlichkeiten bestimmen, wofür die Pflanzen in der Heilkunde verwendet werden.

Merkmale
Eine Himbeere besteht aus vielen runden Steinfrüchten, die auf einem zapfenförmigen Blütenboden sitzen. Reif lösen sie sich beim Pflücken leicht davon ab. Die Blätter sind dreiteilig und bestehen aus 1 Endblatt und 2 Seitenblättern. Ihre Unterseite ist typisch silbrig.
Bei Zuchtformen können die Früchte gelb oder sogar fast schwarz sein.

Standort
Himbeeren mögen helle und nährstoffreiche, aber nicht zu feuchte Standorte. Sie wachsen gerne auf Waldlichtungen, wo die Bäume durch Sturm, Kahlschlag oder Waldbrand gefällt wurden, oder im Gebüsch entlang von Wegen und Bächen. Sie kommen überall in ganz Deutschland vor.

Glaubt man einer Schrift aus dem 17. Jahrhundert, sind Himbeeren auch ein ausgezeichneter Rohstoff für die Weinherstellung. Ergiebige Himbeerstandorte bezeichnete man als „kleine nordische Weingärten." Ihre Ruten ähneln den Weinruten und ihre Früchte den Weintrauben. Sie sind ebenso saftig und bekömmlich wie diese. In einem schwedischen Pflanzenbestimmungsbuch von 1798 wird hervorgehoben, dass sie Branntwein einen angenehmen Geschmack verleihen. Waldhimbeergeist gehört mit seinem feinen Aroma noch heute zu den absoluten Spezialitäten unter den Spirituosen.

Am besten schmecken Waldhimbeeren aber, wenn man sie frisch gepflückt genießt. Noch sonnengewärmt und saftig gleich vom Strauch. Keine gekaufte Frucht kann die gleiche Fülle von Aromen bieten. Himbeeren sind sehr beliebt. Mit Melone erfreuen sie die, die es mild mögen. Mit Buttermilch schmecken sie denen, die es lieber etwas säuerlich mögen. Aus frischen Himbeeren kann man außerdem köstliche Saucen für Desserts herstellen: Früchte mit dem Stabmixer pürieren, Kerne aussieben und die Sauce mit Puderzucker abschmecken.

Himbeeren lassen sich auch ausgezeichnet einfrieren. Eventuell mit ein wenig Zucker bestreuen, bevor sie in eine luftdichte Verpackung gelegt werden. Durch langzeitige Lagerung in der Gefriertruhe trocknen sie allerdings etwas aus, aber sie werden nicht schlecht. Möchten Sie den Geschmack des Sommers den Winter hindurch bewahren, legen Sie die Himbeeren in Essig oder Alkohol ein. Möchten Sie Marmelade kochen, experimentieren Sie ruhig auch ein wenig mit Gewürzen wie Vanille, Zimt und Kardamom.

Frische Himbeertorte

- **3 Eiweiß**
- **150 g Zucker**
- **1 TL Zimt**
- **½ TL Ingwerpulver**
- **1 Msp. Nelken**
- **2 gehäufte EL grobes Weizenmehl**
- **175 g gehackte Haselnüsse**
- **50 g pürierte Himbeeren**
- **2 Händevoll Haselnüsse**
- **1 EL Zucker**
- **150 ml süße Sahne**
- **Mark einer Vanilleschote**
- **4 EL saure Sahne**

Eiweiß mit Zucker steif schlagen. Gewürze und Mehl einrühren, Nüsse unterheben. Springform fetten und bemehlen. Teig einfüllen, 30 Minuten bei 180 °C backen. Himbeeren mit etwas Zucker pürieren, auf den abgekühlten Kuchen geben. Haselnüsse hacken, in einer Pfanne mit etwas Zucker karamellisieren. Über das Mus streuen. Sahne mit Vanillemark steif schlagen, mit saurer Sahne mischen. Den ganzen Kuchen großzügig mit der Creme und mit den frischen Himbeeren bedecken.

Himbeer-Essig

Himbeeren in ein weithalsiges Glas füllen, mit Weißweinessig oder Sherryessig bedecken, etwas Weißwein zugeben, gut verschließen. Ziehen lassen, bis die Himbeeren bleich sind, Flüssigkeit abseihen. Ideal in einer Sauce zu Wild, Geflügel oder Schweinefleisch, in Dressings und Marinaden.

Heidelbeere *Vaccinium myrtillus*

Finger, Lippen und Lachen sind blau. Es klappert in Eimern und Dosen. Genauso muss es sein, wenn Heidelbeerzeit ist. Man kniet mitten in der blauen Heide und erntet die reifen dunklen Beeren.

Wenn Sie eine ergiebige Heidelbeerstelle finden, müssten Sie eigentlich der Jungfrau Maria danken. Der Legende nach haben wir nämlich ihr und einem armen Hirtenjungen die Heidelbeeren zu verdanken.

Eines Tages ging die Jungfrau Maria in die Berge und traf einen Hirtenjungen. Er war hungrig und mager. Er klagte ihr sein Leid und fragte die Jungfrau artig, ob sie in ihrer Güte nicht ebenso wie unten in den Tälern eine nährende Frucht auch in den Bergen wachsen lassen könne. Da nahm Maria einen Kranz aus ihrem Haar und streute Hände voller Beeren über Berg und Wald. Seit jener Zeit pflücken eifrige Finger die dunklen Früchte zur Heidelbeerzeit und wir können nicht genug davon bekommen.

Doch wo verführerische Köstlichkeiten warten, lauern meist auch Gefahren. Und so dachte man, dass es mit einigen Heidelbeeren etwas Mystisches auf sich haben müsse. Einzelne Beeren, denen die Wachsschicht fehlt, sind fast schwarz. Vor ihnen sollte man sich besonders hüten. Daran konnte nur ein Troll oder ein Bär geschleckt haben. Wenn man schwanger war, musste man auch die blauen Beeren meiden. Sonst würden Muttermale auf dem Kind erscheinen. Und auf den, der es wagte, Heidelbeeren am Sonntag zu pflücken, warteten böse Geister.

Im Gegensatz zu diesem alten Glauben, schmecken die Beeren nicht nur gut, sie sind auch gesund. Simon Paulli war ein anerkannter deutscher Arzt und Botaniker des 17. Jahrhunderts. Er empfahl Heidelbeeren, um „die Hitze im Magen zu dämpfen." Dazu mussten allerdings getrocknete Beeren verwendet werden. Frische wirkten meist gegenteilig.

Die wohltuende Wirkung der Heidelbeeren wird von antibakteriell wirksamen Stoffen hervorgerufen. Aber die Beeren sollten auch die Augen stärken. Im zweiten Weltkrieg gab man sie englischen Piloten, die eine gute Nachtsicht benötigten. Auch Grubenarbeitern, die sich in dunklen Gängen bewegen mussten, verabreichte man sie. Das Geheimnis liegt in den blauen Farbstoffen der Beeren. Diese wirken wie die Farbstoffe des Rotweins als Antioxidantien. Damit schützen sie unsere Körperzellen gegen allerlei Übel. Spätestens das ist doch ein guter Grund, auf Heidelbeer-Pirsch zu gehen.

In skandinavischen Ländern hat das Ernten von Blaubeeren ganz besondere Tradition. In Norwegen war das Beerenpflücken eine echte Volksbewegung. In einem Vortrag zur Volksaufklärung aus dem Jahre 1902 hieß es „Beeren für die Ausfuhr nach England sollen am besten in geflochtene Spankörbe gepackt werden. Diese können ausgezeichnet in Heimarbeit in Zeiten hergestellt werden, wenn nichts anderes zu bestellen ist."

Merkmale
Die Beeren sind schwarzblau, aber eine äußere Wachsschicht lässt sie heller erscheinen. Auf einer Seite haben sie ein runde, stempelartige Vertiefung. Sie wachsen an ca. 40 cm hohen Sträuchern. Die Stängel sind kantig.

Standort
Heidelbeeren wachsen im ganzen Land von der Ebene bis ins Gebirge auf sauren, nährstoffarmen und nur leicht feuchten Böden in Laub- und Nadelwäldern und in Heidelandschaften. Sie benötigen nicht viel Sonne, werden bei viel Sonne aber süßer.

Heidelbeer-Smoothie

- 1 Banane
- 2 kleine Hände voll Heidelbeeren (Beeren zum Garnieren zurückbehalten)
- 100 g Naturjoghurt
- 2 Kugeln Vanilleeis
- ½ TL Kardamom
- 100 ml Milch
- evtl. Minze- oder Zitronenmelisse

Banane, Beeren, Joghurt und Eiscreme im Mixer verquirlen. Kardamom und Milch dazugeben, verquirlen, bis die Masse schäumt. Servieren mit einer Extra-Kugel Eiscreme, ganzen Beeren und evtl. Minze oder Zitronenmelisse. Das Gericht ist recht mächtig. Wer es leichter mag, lässt die Banane weg, nimmt weniger Eis und fügt ggf. etwas Mineralwasser hinzu.

Herzhafte Heidelbeerschnitte

- 1 Packung Frischkäse
- 2 EL saure Sahne
- 3 EL Heidelbeeren
- Zucker
- Salz, Pfeffer
- weiches Fladenbrot
- geräucherter Schinken

Den Käse cremig rühren, saure Sahne hinzufügen. Beeren mit der Gabel zerdrücken oder mit dem Stabmixer pürieren, unter die Creme rühren. Mit Salz und Pfeffer würzen. Fladenbrot mit Schinkenscheiben belegen, Heidelbeer-Creme darauf verstreichen und zusammenrollen oder -falten.

Traubenkirsche

Prunus padus

Wenn Sie eine Traubenkirsche probiert haben, haben Sie sie sicher schnell wieder ausgespuckt, denn sie ist sauer und herb. Mit der richtigen Menge Zucker und Alkohol ist sie aber ein wahrer Genuss.

Wenn Sie die Traubenkirschen in ihrem prachtvollen weißen Vorsommerkleid entdeckt haben, merken Sie sich diesen Standort für den Herbst. Nun ist es Zeit, dorthin zurückzukehren und nach den Beeren zu schauen. Auch für Amseln und Stare sind sie eine Verlockung. Deshalb muss man rechtzeitig losgehen, sonst haben andere diese Köstlichkeit verspeist.

Die Beeren enthalten viele Gerbstoffe. Sie sind frisch nicht besonders schmackhaft. Deshalb wissen meist nur Eingeweihte, dass man sie zu leckeren Brotaufstrichen und Likören verarbeiten kann. Rechtzeitig zu Weihnachten sind so zum Beispiel herrliche Geschenke fertig, mit denen man Freunden und Familie eine kleine Freude machen kann. Durch die ersten Nachtfröste werden die Gerbstoffe abgebaut und die Beeren milder in ihrem Geschmack. Da aber auch die Vögel sich für die Beeren interessieren, pflücken viele sie schon vor dem Frost und legen sie dann kurz in die Kühltruhe.

Die Traubenkirsche hat als Likör eine tiefrote Farbe und einen angenehm fruchtigen Geschmack. Man kann sie aber auch hervorragend mit anderen Früchten wie Äpfeln zu Gelee verarbeiten. Durch die recht großen Steine, sind die Früchte ungeeignet für die Verarbeitung zu Mus oder Marmelade. In den Steinen ist der Stoff Amygdalin enthalten. Dieser wird bei der Passage durch den Verdauungstrakt in Blausäure umgewandelt. Dies ist der Grund für das typische Bittermandelaroma der Früchte. Aber Vorsicht: Blausäure ist giftig. Übertreiben Sie es deshalb nicht mit dem Bittermandelaroma. Sie sollten die Steine nicht zerkleinern, um den Geschmack zu intensivieren. Der Alkohol löst ausreichend Aromen für den leckeren Likör.

Traubenkirschen-Likör

Für den Likör verwenden Sie die gleichen Mengen an Früchten und Cognac. Früchte vorsichtig zerdrücken, Kerne nicht beschädigen. In eine weithalsige Flasche füllen, die sich luftdicht verschließen lässt. Mit Cognac bedecken. 14 Tage ziehen lassen, dabei immer wieder leicht umschütteln. Durch ein Tuch abseihen. Wasser zum Kochen bringen, ½ kg Würfelzucker hinzugeben. Unter Rühren auflösen und zu einem klaren Sirup kochen. Den Sirup erkalten lassen, dann mit dem Fruchtansatz mischen. Mit ⅓ Süßkirschen schmeckt der Likör noch fruchtiger.

Für die meisten Beeren ist folgendes Grundrezept geeignet: Ein Glas mit Beeren befüllen, so viel Zucker wie möglich hinzufügen und mit 60 %igem Alkohol auffüllen. Das Glas jeden Tag etwas bewegen, bis sich der Zucker aufgelöst hat. Einen Monat ruhen lassen, dann erst abseihen.

Merkmale
Traubenkirschen sind schwarzblau und glänzen fast metallisch. Sie hängen an weinroten Stielen an buschartigen Bäumen, die etwa bis zu 5 m hoch werden können. Ihnen ähnlich ist der Faulbaum, doch dort sitzen die Beeren einzeln in den Blattachseln, statt in Trauben. Er ist zudem gewöhnlich ein kleiner, schmächtiger Busch und kein Baum wie die Traubenkirsche.

Standort
Die Traubenkirsche ist im ganzen Land verbreitet. Sie bevorzugt helle, feuchte Standorte an Wegen, Wasserläufen und an Waldrändern.

Steinbeere *Rubus saxatilis*

Steinbeeren kriechen niedrig durch die Landschaft – meist übersehen und unbeachtet. Sie sind die bescheidenen Mitglieder der Rubus-Familie neben Himbeeren und Brombeeren.

Merkwürdig eigentlich, dass Steinbeeren nicht besonders geschätzt sind. Sie sind sauer, aber sie schmecken den Johannisbeeren, die wir im Garten anpflanzen, sehr ähnlich. Steinbeeren mögen jedoch im Gegensatz zu diesen keine nährstoffreiche Gartenerde. Sie gedeihen am besten an hageren und steinigen Orten. Ihr lateinischer Name *saxum* bedeutet Felsen.

Blickt man an geeigneter Stelle bei niedrigem Sonnenstand ins Gegenlicht, kann man die Beeren wie Rubine am Boden funkeln sehen. Tritt man ein wenig näher, erkennt man die unregelmäßigen Beeren – manchmal nur eine Einzelfrucht, manchmal fünf bis sechs kleine „Kugeln" an einem gemeinsamen Blütenboden. Wenn sie vollreif sind, wird das schöne rote Fruchtfleisch fast durchsichtig.

Die Früchte haben recht große Steine. Vielleicht wurden sie deshalb früher stehen gelassen, weil man glaubte, von ihrem Verzehr Nierensteine zu bekommen.

Daran glaubt man heute nicht mehr. Man kann die Steinbeeren sehr gut zu Saft kochen, sie mit Zucker in Alkohol legen oder zu Gelee kochen. Aber auch über Salat und Kuchen gestreut sind sie hervorragend. Am besten schmecken sie wohl, wenn man sie wie Johannisbeeren behandelt und sie mit Zucker und Vanille ziehen lässt. Diese Beeren findet man nicht in großer Zahl. Dafür gibt bereits eine Handvoll ein sehr intensives Aroma an die jeweiligen Speisen ab.

Reiche Ritter

- **100–200 g Steinbeeren**
- **1–2 EL Zucker**
- **Mark von 1/4 Vanilleschote**
- **1 Ei**
- **50 ml Milch**
- **2 Scheiben Weißbrot**
- **Butter zum Anbraten**
- **200 ml Sahne**
- **1 EL Zucker**
- **Mark von 1/4 Vanillestange**

Beeren reinigen, mit Zucker bestreuen und gut mit dem Vanillemark mischen. Ziehen lassen, bis der Zucker aufgelöst ist. Ei und Milch schaumig schlagen, Weißbrotscheiben darin vollsaugen lassen. Dann in Butter schön goldbraun braten. Sahne mit Zucker und Vanillemark steif schlagen. Lauwarm mit einem großzügigen Klecks Sahne und vielen Beeren servieren.

Merkmale
Steinbeeren haben wie die Himbeere dreiteilige Blätter und zusammengesetzte Steinfrüchte. Ihre Früchte sind jedoch größer und sitzen lockerer auf dem Blütenboden. Die Pflanze treibt aus ihrer Mitte heraus Ausläufer über den Boden.

Standort
Steinbeeren wachsen auf steinigen Böden an Waldrändern, in Gebüschen und lichten Wäldern. Die niedrigen Pflanzen sind leicht zu übersehen, aber da sie auf den mageren Standorten wenig Konkurrenz haben, erblickt man sie doch.

Moltebeere *Rubus chamaemorus*

Möchte man in Norwegen etwas Besonderes servieren, müssen es Moltebeeren sein. Manch ausländischer Gast mag sich wundern: Ist dies das Beste, was die norwegische Natur bieten kann, diese etwas groben, weichen Beeren voller Samen?

Moltebeeren kommen in Europa hauptsächlich in Skandinavien vor. Sie gelten als Wahrzeichen Lapplands. Skandinavischen Urlaubern ist sie sicher bekannt. In Deutschland wächst sie nur an zwei Standorten in Niedersachsen. Die Moltebeere ist daher in Deutschland streng geschützt. Für unsere Rezepte können Sie ersatzweise die verwandten Himbeeren oder Brombeeren verwenden. Wenn Sie in einem skandinavischen Land Urlaub machen, können Sie sich auch Moltebeeren mitbringen. Eine weitere Möglichkeit ist, einfach einen Brotaufstrich aus den Beeren im Feinkostgeschäft zu kaufen und diesen nach Rezept weiterzuverarbeiten.

Früher gab es in Norwegen eine große Konkurrenz unter den Sammlern. Der Verkauf der Beeren war ein wichtiger Nebenverdienst. Reif oder unreif – alles wurde rücksichtslos abgerupft. So wurden die Moore zerstört. Unreife Beeren wurden in verschnürte Hosen und Wollstrümpfe gestopft und zum Reifen ins Bettstroh gelegt. 1970 wurde ein „Gesetz über das Verbot, unreife Moltebeeren zu sammeln" erlassen. Beeren sind erst dann reif, wenn sie sich ohne die grünen Kelchblätter abpflücken lassen. Für den Landesteil Finnmark gelten zusätzlich andere Regelungen. Man sollte sich vor Ort also erst mit den lokalen Gesetzen vertraut machen.

Vielleicht muss man erst einmal selbst Moltebeeren gefunden haben, um die Wertschätzung in Norwegen zu verstehen. Im Sommer stehen die Moore in weißem Blütenflor. Doch im Herbst sind dann keine Früchte zu sehen. Was ist geschehen? Nur mit Glück erreichen die Beeren das goldgelbe Reifestadium. Pflanzen, die so hoch im Gebirge und so weit im Norden wachsen wie die Moltebeeren, leben gefährlich. Eine einzige Frostnacht während der Blüte oder vor der Reife kann alles zerstören. Zudem können sich die Pflanzen nicht selbst befruchten. Wo nur männliche Pflanzen wachsen, reifen keine Beeren.

Die Wikinger nahmen die Vitamin-C-reichen Beeren mit auf lange Seereisen. Darüber gibt es Berichte von arabischen Seeleuten. Im Mittelmeer begegneten sie sich dann – so wurden die Beeren aus dem hohen Norden auf der ganzen Welt bekannt.

Beeren-Camembert

- **Moltebeeren (ersatzweise Himbeeren oder Brombeeren)**
- **Puderzucker**
- **Whisky-Likör**
- **1 Ei**
- **Camembert (nicht zu reif)**
- **fein gehackte Haselnüsse**
- **Butter**

Beeren mit Puderzucker bestreuen, mit Whisky-Likör bedecken, etwas ziehen lassen. Ei aufschlagen, Käse in dreieckige Stücke teilen, erst im Ei, dann in den Nüssen wälzen. Butter in der Pfanne bräunen, Käse darin goldgelb und weich braten. Moltebeeren vorsichtig erwärmen, lauwarm servieren. Einige Blätter Zitronenmelisse und kandierte Veilchenblüten setzen Farbakzente.

Merkmale
Moltebeeren sitzen an niedrigen Pflanzen. Die Früchte ähneln Himbeeren, aber die einzelnen Steinfrüchte sind größer. Unreif sind sie rot. Ihr Geschmack entwickelt sich erst, wenn die Beeren goldgelb sind.

Standort
Moltebeeren wachsen in Mooren zwischen Torf und Moosen. Sie brauchen Feuchtigkeit und sauren Boden und wachsen in Skandinavien überall dort, wo sie diese Bedingungen vorfinden, hinauf bis zu einer Höhe von 1600 m.

Cremiges Schichtdessert

- **Moltebeeren**
- **Puderzucker zum Bestreuen**
- **Orangen-Likör**
- **Schale einer ungespritzten Orange**
- **150 ml Sahne**
- **Zucker**
- **Mark einer Vanilleschote**
- **150 ml saure Sahne**
- **80 g gehackte Haselnüsse**

Moltebeeren mit Puderzucker bestreuen, etwas Orangen-Likör zugeben, ziehen lassen. Orangenschale darüberreiben. Sahne mit Zucker und dem Vanillemark steif schlagen. Saure Sahne einrühren. Hohe Gläser schichtweise mit Beeren, Creme und gehackten Nüssen füllen. Ein Stück Orangenschale und eine Beere zum Verzieren verwenden.

Krähenbeere *Empetrum nigrum*

Die Menschen im hohen Norden beneiden oft genug die Südländer um ihre wärmeliebenden Pflanzen, die sich nie über den Polarkreis hinauswagen. Um die Krähenbeeren können jedoch auch einmal die Nordländer beneidet werden. Nirgends bilden sie so schöne Teppiche wie bei ihnen aus.

Krähenbeeren sind robust. Wenn alle anderen Beeren aufgeben, kriechen sie weiter. Sie krallen sich an harsche Abhänge und windumtoste Bergkuppen. Wie der bizarrste Bonsai können sie sich an Steinen festklammern – hohe Gartenkunst im rauen Hochgebirge.

Die Nord-Skandinavier nutzten die Krähenbeere traditionell für allerlei Gerichte, die uns teilweise fremdartig erscheinen mögen: zum Beispiel Krähenbeeren und Seelachsleber, zu Brei zerdrückt auf Fladenbrot, oder Krähenbeeren in Rentiermilch, die den Winter hindurch im Rentiermagen aufbewahrt wird. Heute werden die Krähenbeeren noch vielfach für die Herstellung von Weinen und Aperitifs made in Finnmark verwendet.

Weiter südlich legte man keinen besonderen kulinarischen Wert auf die Beeren. Der Name Pissbeere deutet auf die Verwendung als harntreibendes Mittel hin. Der Name Krähenbeere lässt noch erahnen, dass die Beeren eher für die Vögel als für den Menschen sein sollten. Doch nascht man an den Beeren auf einem Spaziergang, erkennt man sofort, dass sie unbedingt gesammelt werden sollten.

Sie können zu Marmelade verkocht und zu Wildgerichten gereicht werden. Ebenfalls herrlich schmecken sie als Kompott mit Pomeranzenschalen und Äpfeln eingekocht und zum Steak serviert. Oder ihr Geschmack wird in Essig oder Alkohol extrahiert. Sie geben einen angenehm fruchtigen Likör mit Branntwein und Zucker.

Merkmale
Die kugelrunden und glänzend schwarzen Beeren sitzen auf niedrigen Sträuchern mit nadelförmigen Blättern. Es gibt zwei essbare Arten von Krähenbeeren. Die eine ist besonders im norddeutschen Flachland verbreitet, die andere wächst hoch in den Bergen.

Standort
Krähenbeeren benötigen viel Licht, ansonsten sind sie anspruchslos. Sie wachsen in Heiden, Mooren und lichten Nadelwäldern. Im Hochgebirge legen sie sich oft flach über wärmespeichernde Steine.

Rauschbeere *Vaccinium uliginosum*

Rauschbeere, Trunkelbeere klingt wenig vertrauenerweckend. Da kann man sich schon mal fragen, was es mit diesen Beeren auf sich hat. Kein Wunder, dass sie unter den Beerensammlern nicht sehr bekannt sind.

Eigentlich sehen die blauen Beeren recht unschuldig aus. Ihr Ruf ist jedoch nicht besonders gut. Da die Beeren meist paarweise zusammenhängen, glaubte man, dass Lüsternheit von dem Besitz ergriff, der sie aß. Ein richtiges Liebesmittel sollten sie sein. Verdorben. Niemals sollte ein junges Mädchen Rauschbeeren essen, denn sonst sollten nur noch Männer durch ihren Kopf hindurch geistern. Allein der bloße Verzehr verdarb den Ruf der Mädchen.

Man gab vor, dass sie Würmer im Magen, Schwindsucht oder Blutsturz verursachten. Und wer sich absolut nicht von den Rauschbeeren fernhalten konnte, der sollte zudem noch hässliche Kinder bekommen.

Eine aphrodisierende Wirkung konnte leider nicht nachgewiesen werden. Das ist die schlechte Nachricht. Die gute Nachricht aber ist die, dass man auch die anderen Wirkungen nicht fürchten muss. Im Gegenteil. Die Beeren sind saftig und gesund. Sie enthalten mindestens dreimal so viel Vitamin C wie Heidelbeeren. Grund genug, den Beereneimer mit ihnen zu füllen. Sie geben eine angenehme Marmelade, die man noch zusätzlich mit etwas frischer Zitrone versetzen kann. Da die Rauschbeere selbst nicht besonders intensiv schmeckt, lässt sie sich als Marmelade auch gut mit anderen Früchten kombinieren.

Wildes Beerenkompott

- **1 kg Beeren (Rausch-, Krähen- und Preiselbeeren)**
- **100 ml Wasser**
- **10–12 dünne Scheiben frischer Ingwer**
- **10–12 Nelken**
- **ein Stück Vanilleschote**
- **500 g Zucker**

Beeren mit Wasser und Gewürzen 10 Minuten kochen. Schaum entfernen. Topf vom Feuer nehmen, Zucker zusetzen und unter Rühren auflösen. Passt gut zu Wild oder gesalzenem oder geräuchertem Fleisch.

Merkmale
Rauschbeeren ähneln Heidelbeeren, ihr Blauton ist aber meist etwas heller und innen sind sie fast farblos. Sie können kugelrund, oval oder eiförmig sein. Wo die Heidelbeeren eine runde Vertiefung haben, haben Rauschbeeren ein kleines Kreuz. Die ovalen Blätter sind blaugrün und färben sich im Herbst orange.

Standort
Rauschbeeren bevorzugen feuchtere Standorte als Heidelbeeren. Sie sind besonders an Moorrändern und in sauren und feuchten Heiden und Wäldern im norddeutschen Flachland und in den Alpen verbreitet. Sie kommen aber auch zerstreut in den Mittelgebirgen vor.

Pfifferling *Cantharellus cibarius*

Goldgelbe Pfifferlinge zu finden, ist eine große Freude. Dann kniet man zufrieden auf dem Waldboden zwischen den Pilzen voller Dankbarkeit über das, was die Natur im Stande ist hervorzubringen.

Ist die Pfifferlingszeit gekommen, stellen sich die Sinne auf eine spezielle Suche ein. Der auf Goldgelb programmierte Blick schweift wie ein Radar über den Waldboden. Der Geruchssinn verschärft sich. Ein Luftzug führt einen speziellen, würzigen Duft heran. Und man weiß es mit untrüglicher Sicherheit und mit allen Sinnen, die mit dem Trüffelschwein verwandt sein müssen – hier gibt es Pfifferlinge!

War der Sommer feucht, findet man Pfifferlinge bereits im Juni/Juli. Nach einem trockenen Sommer muss man länger warten. Aber sie kommen, bis zum ersten Frost.

In Stadtnähe könnte man sich über Pilzbücher wundern. „Gewöhnlich in Laub- und Nadelwald, oft in Hexenringen oder langen Reihen", heißt es dort. Das Problem ist nur, dass sie, kaum dass sie ihren Hut über das Moos erhoben haben, auch schon weg sind. Denn gibt es einen Pilz, den die Leute kennen, ist es der Pfifferling. Er ist leicht und sicher zu erkennen. Und sein Geschmack ist einfach unvergleichlich.

Anders als der Steinpilz sind Pfifferlinge nicht zum Rohessen geeignet. Wer jedoch im Wald bereits kostet, schmeckt den leicht pfefferähnlichen Geschmack. Wenn sie an den Pilzen riechen, erhalten Sie bereits eine Ahnung, was Sie erwartet, wenn der Pilz in Kontakt mit Bratpfanne und Butter kommt.

Pfifferlinge sind sauber und schön, ohne Maden und Schnecken. Man sollte sie nicht waschen, denn sie enthalten wasserlösliche Geschmacksstoffe. Den Schmutz besser mit einem Backpinsel abbürsten. Dann die Pilze zerteilen, in eine trockene Pfanne legen und leise köcheln lassen, bis ihr Saft eingekocht ist. Dann erst einen Klecks Butter zugeben – nun kann die Delikatesse in Suppen, Aufläufen, Fleisch- und Nudelgerichten verwendet werden. Kleine, feste Pfifferlinge können auch getrocknet, zerstoßen und als edles Gewürzpulver verwendet werden. Das gibt nicht nur einen guten Geschmack, sondern auch reichlich Vitamin D.

Merkmale
Hut und Stiel sind dottergelb. Der Hut ist 3–8 cm breit, zuerst gewölbt, später eher trichterförmig und am Rand unregelmäßig gewellt. Unter dem Hut sitzen Leisten, die vom Hutrand ein Stück den Stiel hinunterlaufen. Sie verwischen den Übergang vom Hut zum Stiel. Roh schmecken sie pfefferartig. Trompeten-Pfifferlinge sind nah verwandt und ebenfalls sehr gute Speisepilze.

Standort
Pfifferlinge wachsen an offenen Stellen in Laub- und Nadelwäldern, vor allem mit Fichten und Buchen, aber auch mit Eichen, Kiefern und Tannen. Sie können große Gruppen oder lange Reihen bilden. Sie sind geschützt und dürfen nur für den eigenen Bedarf gesammelt werden.

Deftige Pfifferlinge

- **Landbrot**
- **Knoblauch**
- **Rucola-Salat**
- **grobe Leberwurst**
- **Pfifferlinge**
- **Butter**
- **Schinken**
- **Zuckererbsen**

Brotscheiben rösten, mit Knoblauch einreiben und mit etwas Salat bedecken. Leberwurst in Scheiben schneiden und darauflegen. Kleine Pfifferlinge in 2, die größeren in 4 Stücke zerteilen, in Butter anbraten und auf den Salat häufen. Schinken knusprig braten. Mit 2 Zuckererbsen garnieren.

Waldsoufflee

- **1 Stange Lauch**
- **Butter**
- **200 g gesäuberte Pfifferlinge**
- **200 ml Milch**
- **2 EL Butter**
- **2 gestrichene EL Maisstärkemehl**
- **100 g alter Gouda**
- **Salz, Muskat, Cayennepfeffer**
- **4 Eier (je frischer, desto höher wird das Soufflee)**
- **Essig**

Lauch fein schneiden und in Butter weich schmoren. Pilze zerteilen und golden anbraten. Milch, Butter und Maisstärkemehl in einen Topf geben. Unter Rühren aufwärmen, bis es sich verdickt, dann zur Seite stellen. Käse hineinreiben und mit Salz, Muskat und Cayennepfeffer abschmecken. Pilze und Lauch untermischen. Eiweiß vom Eigelb trennen und die Eigelbe unterrühren. Eiweiß mit einer Prise Salz und einigen Tropfen Essig sehr steif schlagen. Vorsichtig unter die Masse ziehen.
Das Ganze in eine gut gefettete Souflееform füllen. Bei 175 °C 30 Minuten backen, ohne die Ofentür zwischendurch zu öffnen. Dann evtl. mit Alufolie abdecken, damit das Soufflee nicht zu braun wird. Alle Gäste sollten schon sitzen, bevor Sie das luftige Resultat mit Bravour präsentieren.

Steinpilz *Boletus edulis*

Fragen Sie einen Pilzliebhaber nach dem häufigsten Waldpilz und er wird sehr wahrscheinlich „Steinpilz" antworten. Er ist der König der Röhrenpilze – groß gewachsen und wohl geformt, mild und nussartig im Geschmack. Steinpilze haben deshalb allen Grund, ihren Hut hoch zu tragen.

In dicht besiedelten Gebieten, wo es viele Pilzsammler gibt, ist der Steinpilz eine sehr gefragte Beute. Die Wuchsorte dieses Pilzes werden strengstens wie ein Geheimnis gehütet. Hier gilt es in aller Frühe in den Wald zu kommen, bevor andere den Schatz heben und auf dem Markt zu hohen Preisen verkaufen oder ihn in kostbare Delikatessen verwandeln.

Die Röhrenpilze sind unter den ersten Pilzen, die man im Jahr finden kann, einige von ihnen tauchen schon im Spätsommer auf. Wenn Sie sich neben dem Pfifferling nur noch eine andere Pilzart zutrauen, dann wählen Sie den Steinpilz. Mit ihm sind Korb und Magen bald gefüllt. Außerdem lässt er sich noch spannender nutzen als viele andere Pilze.

Der Steinpilz ist der einzige Waldpilz, den man roh essen kann. Mit seinem milden und delikaten, nussartigen Geschmack ist er elegant in Salaten. Man kann ihn auch in dünne Scheiben schneiden, im Backofen bei geringster Wärme und spaltweit geöffneter Türe trocknen – zum Snack der Extraklasse.

Das feste und schöne Fleisch kann man wunderbar in dünnen Scheiben als Pilzsteak braten oder man brät ganze Hüte, füllt sie mit Gemüse und gratiniert sie mit Käse im Ofen. Vielleicht haben Sie schon einmal schöne große Töpfe mit eingelegten Steinpilzen in Delikatesseläden gesehen? Zu dieser Art der Aufbewahrung eignen sich die jüngsten und schmackhaftesten Exemplare am besten.

Die Röhren junger Pilze sitzen fest und müssen bei der Zubereitung nicht entfernt werden. Später werden sie weich und lassen sich ganz einfach entfernen.

Kontinentaler Pilztopf

- **300 g Steinpilze**
- **50 g Schalotten**
- **1 Knoblauchzehe**
- **25 ml Weinessig**
- **1 TL Salz**
- **½ TL Pfeffer**
- **1 Lorbeerblatt**
- **Bergminze**
- **gutes Olivenöl**

Pilze in mundgerechte Stücke teilen. Schalotten fein hacken, Knoblauch zerdrücken. Alles zusammen erhitzen, bis die Pilze Flüssigkeit abgeben. Weitere 3–5 Minuten kochen lassen.
Zusammen mit Essig, Gewürzen und Kräutern in dicht schließende Gläser füllen und abkühlen lassen. Mit Olivenöl auffüllen, sodass alles bedeckt ist und keine Luft heran kommt. Als Snack oder als Beilage zu Fleischgerichten servieren.

Merkmale
Röhrenpilze haben dichte, weiche Röhren unter dem Hut. Bei jungen Pilzen sitzen sie fest, bei älteren sind sie leicht lösbar. Sie verfärben sich von Weiß, über Gelb bis fast Olivgrün. Unter Druck schimmern die des Steinpilzes nicht bläulich wie bei vielen anderen Röhrenpilzen. Der Hut ist mittelbraun und 6–28 cm breit, erst halbkugelig, später ausgebreitet, dickfleischig. Der Stiel ist charakteristisch: am dicksten in der Mitte, mit einem hellen Adernetz auf bleich bräunlichem Grund. Kann mit dem selteneren bitteren Schönfußröhrling verwechselt werden. Dessen Stiel ist rotgeflammt und die Röhren verfärben sich unter Druck bläulich. So ist es auch beim giftigen Netzstieligen Hexenröhrling. Auch der Gallenröhrling ist ähnlich, doch seine Röhren sind schmutzig rosa.

Standort
Steinpilze wachsen im Laub- und Nadelwald. Sie stehen unter Naturschutz. Es darf nur maßvoll für den eigenen Verbrauch gesammelt werden.

Roh und gut

- **kleine Steinpilze**
- **Stangensellerie, in feine Ringe geschnitten**
- **Blauschimmelkäse**
- **Walnüsse**
- **Walnussöl**
- **Weißweinessig**
- **Knoblauch**
- **Salz, Pfeffer**

Junge, feste Pilze in dünne Scheiben schneiden, mit Stangensellerie mischen und mit zerbröckeltem Blauschimmelkäse und grob gehackten Walnüssen bestreuen. Um den schönen nussartigen Geschmack der Steinpilze zu unterstreichen, besteht das Dressing nur aus Walnussöl mit ein wenig Weißweinessig und Knoblauch. Beim Servieren salzen und pfeffern.

Birken-Rotkappe

Leccinum versipelle

Die Rotkappe ist ein nicht ganz so edler Speisepilz wie ihr Verwandter, der Steinpilz. Trotzdem ist sie nicht zu verachten. Und im Schönheitswettbewerb der Waldpilze könnte sie gut den Sieg davontragen.

Rotkappen kann man kaum übersehen. Hoch aufgerichtet leuchten sie mit ihren ziegelroten Hüten im Kontrast zu Moos, Farnen und Nadelbaumzweigen. Voll ausgewachsen sind die Hüte groß und prächtig. Aber wie man weiß, kommt es nicht immer auf die Größe an. Die Rotkappe ist definitiv am schmackhaftesten im frühen Stadium. Zunächst steht dort nur ein dicker und solider Stiel mit einer dichtsitzenden kleinen Kappe auf der Spitze – daran ist der Pilz sicher zu erkennen. Später breitet er einen halbkugeligen Hut aus, der innen immer noch fest und schön ist. Wenn er noch flacher wird und sein Durchmesser über 20 Zentimeter groß wird, wird das Fleisch unangenehm schwammig.

Rotkappen sind schwerer verdaulich als andere Pilze. Es ist deshalb wichtig, sie lange genug zu garen, am besten 20 Minuten lang. Trotzdem wird vereinzelt über Unbehagen berichtet. Es wäre also klug, sich beim ersten Genuss etwas zurückzuhalten. Vor allem sollten Sie die Birken-Rotkappe nicht roh essen.

Wie beim Steinpilz sind die Röhren zunächst sehr fest und können nicht vom Hut abgelöst werden. Später werden sie weich und lassen sich vor der Zubereitung entfernen. Pilze in kleinere Stücke teilen, braten und weiter in Aufläufen, Brühen, Eintöpfen oder in dunklen, herbstlichen Fleischgerichten mit großen Mengen an feinem Wurzelgemüse kochen lassen.

Aubergine mit Pilzfüllung

- **1 Aubergine, längs teilen und Fruchtfleisch herausschaben**
- **Olivenöl**
- **Rotkappen oder Mischpilze (gleiche Menge wie Auberginenfleisch)**
- **1 kleine Zwiebel**
- **1–2 Knoblauchzehen**
- **1 EL Weizenmehl**
- **200 ml Milch oder Sahne**
- **Salz, weißer Pfeffer**
- **geriebener mittelalter Gouda**
- **gehackte Blattpetersilie**

Auberginenfleisch würfeln, salzen, etwas ziehen lassen, trocken tupfen. In Öl anbraten. Schalen halbgar braten. Pilze mundgerecht zerteilen. Zwiebeln hacken, dazugeben und goldgelb anbraten. Zum Schluss Knoblauch zerdrücken, hinzugeben. Mit Salz und Pfeffer würzen. Eine helle Sauce aus Weizenmehl und Milch oder Sahne herstellen und mit Salz und weißem Pfeffer abschmecken. Pilze und Zwiebeln 15 Minuten darin köcheln lassen. Je eine Handvoll geriebenen Käse und gehackte Petersilie unterrühren. Wenn Sie Reste von Hähnchen oder Schinken haben, ebenfalls unterrühren. Auberginenfleisch hinzugeben und die Masse in die Schalen füllen. Mit geriebenem Käse bestreuen und alles im Ofen ca. 20 Minuten bei 200 °C gratinieren lassen.

Merkmale
Rotkappen haben einen charakteristischen matten ziegelroten Hut. Er ist 8–25 cm breit, zunächst kugelig, später flach. Die Röhren sind erst gräulich, später schmutzig weiß. Der Stiel hat dunkle Schuppen auf bleichem Grund. Das Fleisch ist bleich, wird beim Anschneiden aber blau bis schwarz. Der verwandte Birkenröhrling hat einen einen braunen Hut und ist schmächtiger.

Standort
Die Birken-Rotkappen sind weit verbreitet, meiden aber Kalkböden. Am liebsten wachsen sie unter Birken. Die Rotkappen sind in viele Arten unterteilt, je nachdem, mit welchem Baum sie zusammen wachsen. Alle sind gleich gut essbar. Rotkappen stehen unter Naturschutz und dürfen nur für den eigenen Bedarf gesammelt werden.

Helle Stoppelpilze

Hydnum repandum und Hydnum rufescens

Die Stoppelpilze sind ausgezeichnete Speisepilze. Sie sind delikat, sauber und schön. Sie besitzen ein festes Fleisch und werden nur selten von kleinen kriechenden „Mietern“ bewohnt.

Leuchtet es rotgelb im Moos, hüpft bei vielen das Herz vor Freude: Pfifferlinge! Aber es ist nicht alles Gold, was glänzt, und nicht alles Pfifferling, was rotgelb im Moos leuchtet. Aber seien Sie nicht zu sehr enttäuscht. Stoppelpilze sind fein, Sie werden sehen

Sie ähneln Pfifferlingen in ihrer Größe und der gewellten Form. Mit geschärftem Farbsinn sieht man aber bald, dass Pfifferlinge eher dottergelb, Stoppelpilze jedoch ganz bleich oder rotgelb sind. Schaut man unter den Hut, gibt es gar keinen Zweifel mehr: Nur Stoppelpilze haben dort kleine Stacheln.

Semmel- und Rotgelber Stoppelpilz sind miteinander verwechselbar. Der bleiche Semmelpilz kann auch mal einen wärmeren Farbton haben und der Rotgelbe etwas bleicher sein. Das Wichtigste ist jedoch, die beiden vom Rest ihrer Familie zu unterscheiden. Es gibt noch andere Stoppelpilze – mit braunen Stacheln, mit silbergrauen unter einem braunen oder einem geschuppten grauen Hut. Sie alle sind keine Speisepilze. Aber der Unterschied zu ihnen ist so groß, dass keine Gefahr besteht, sich zu irren.

Stoppelpilze sind geschmacklich sehr mild und lassen sich gut mit den meisten anderen Pilzen mischen, die der Pilzkorbb hergibt. Aber wenn Sie große, feste und schöne Exemplare der hellen Stoppelpilze finden, sollten Sie sie ganz lassen und wie das schönste Stück Schweine- oder Kalbsfilet zubereiten.

Merkmale
Der Semmel-Stoppelpilz hat einen hellen bis weißgelben Hut mit hellen Stacheln. Er ist unregelmäßig gewellt und 5–15 cm breit und dickfleischig. Der Stiel ist kurz und dick und heller als der Hut. Oft sind mehrere Pilze zusammengewachsen. Der Rotgelbe Stoppelpilz ist ähnlich, aber ein wenig schmächtiger. Der Hut ist nur 3–8 cm breit.

Standort
Beide Arten wachsen in Laub- und Nadelwäldern, gerne in alten Buchenbeständen. Sie können einzeln oder in Gruppen auftreten. Sie sind häufig.

Stoppelpilz-Pasta

- > **große Stoppelpilze**
- > **Butter oder Margarine**
- > **Salz, Pfeffer**
- > **Sahne**
- > **Blauschimmelkäse**

Stiele abschneiden, Pilze sauber bürsten. Stoppeln dranlassen. In Butter oder Margarine braun braten, würzen. Pfanne mit etwas Wasser auskochen, Sahne zugeben, etwas einkochen lassen. Blauschimmelkäse hineinbröseln und schmelzen lassen. Pilze hinzugeben und eine Weile in der Sauce köcheln lassen. Mit grünen Nudeln und Rucola-Salat servieren. Pikant mit darübergestreuten Preiselbeeren.

Warmer Pilzsalat

- > **kleine Spinatblätter**
- > **Zuckererbsen**
- > **Pinienkerne**
- > **Knoblauch**
- > **Weißbrot**
- > **Stoppelpilze**
- > **Sojasauce**
- > **Balsamico-Essig**
- > **Butter oder Margarine**
- > **Öl**

Spinat waschen, trocknen, Stiele und grobe Nerven entfernen, dann in grobe Stücke zerreißen. Zuckererbsen in schräge Streifen schneiden, über den Spinat streuen. Pinienkerne in einer trockenen Pfanne rösten. Weißbrotscheiben mit Knoblauch einreiben, in Würfel schneiden und braten. Pilze mundgerecht zerteilen und braten. Mit Salz und Pfeffer würzen. Pfanne mit etwas Wasser auskochen, mit Sojasauce und etwas Balsamico-Essig abschmecken. Die warmen Pilze, Croutons und Pinienkerne über den Salat verteilen, Bratensaft und Olivenöl übergießen.

Edelreizker *Lactarius deliciosus*

Zum Glück hat die Natur einige Pilze mit unverwechselbaren Merkmalen ausgestattet. Der Edelreizker ist einer von ihnen. Tröpfelt ein möhrenroter Saft heraus, wenn Sie ein Stück vom Hutrand abbrechen, haben Sie ihn gefunden.

Ansonsten wird man aus der artenreiche Familie der Reizker bei nur oberflächlicher Betrachtung nicht recht schlau: einige sind groß, andere klein; einige sind weiß, andere gelb oder rosa, manche sind braun; einige sind giftig, andere schmecken brennend scharf. Aber alle haben sie etwas gemeinsam: Nur sie enthalten Milchsaft.

An jungen und frischen Pilzen sieht man dies sofort, wenn man ein kleines Stück vom Hut abbricht. Zwischen Lamellen und Hutfleisch kommen bald kleine Tropfen zum Vorschein. Bei den meisten Reizkern ist der Milchsaft milchweiß, nur beim Edelreizker ist er orange. Das unterscheidet diesen Speisepilz eindeutig von den anderen Reizkern.

Leider sind nicht nur wir Menschen der Meinung, dass Edelreizker vortrefflich schmecken. Wenn Sie Reizker pflücken, ist es nicht damit getan, sie ganz und schön in den Korb zu legen. Jeder einzelne von ihnen muss mit dem Messer aufgeschnitten und inspiziert werden. Von außen betrachtet mag die Huthaut zunächst ohne Loch sein – aber von innen kann er dennoch von kleinen weißen Larven, die in dem köstlichen Pilzfleisch schwelgen, zerfressen sein.

Aber lassen Sie sich von solchen Kleinigkeiten nicht abschrecken. Reizkersammeln ist etwas, das sich richtig im Pilzkorb bemerkbar macht. Zur rechten Zeit am rechten Ort, und man findet sie in großen Mengen. Am schmackhaftesten und festesten sind die kleinen Pilze mit einem noch deutlich eingerollten Hutrand.

Der Edelreizker hat einen markanten Geschmack, der sich nicht gut mit Pilzen wie Pfifferlingen und Steinpilzen mischen lässt. Zusammen mit neutraleren Pilzen kann er der Mischung allerdings Würze verleihen. In kleine Stücke geschnitten und gebraten, kann er in Fleischgerichten, Aufläufen und Saucen, Suppen oder Omeletts verwendet werden.

Pilz-Pies

> 2 Platten TK-Blätterteig
> 4 Scheiben geräucherter Schinken
> 1 kleine Zwiebel
> 300 g Pilze, in Stücke geschnitten
> 2 Eier
> 150 ml Milch oder Sahne
> 75 g Parmesan, fein gerieben
> Salz, weißer Pfeffer

Teig auftauen, Platten teilen, ausrollen. 4 kleine Portionsformen damit auskleiden. Böden einstechen, Backpapier darüberlegen, Hülsenfrüchte darauf verteilen, um Blasen zu vermeiden. 10 Minuten bei 200 °C vorbacken. Schinken würfeln, anbraten, Fett aufbewahren. Zwiebeln in feine Ringe schneiden, mit Pilzen im Schinkenfett anbraten. Eier mit Milch oder Sahne und Käse, etwas Salz und weißem Pfeffer verrühren. In die Formen verteilen. Weitere 10 Minuten backen, bis die Füllung fest ist. Das Rezept lässt sich auf alle Pilzarten anwenden. Auch für Winterkresse, Brennnesseln und Guten Heinrich statt Pilzen geeignet.

Merkmale
Hut orangerot, oft mit grünlichen Ringen. Er wird 4–10 cm breit und ist kaum faserig. Sein Rand ist zunächst eingerollt, die Mitte eingedrückt. Lamellen ebenfalls orangerot, werden beim Zerbrechen grünlich. Das sicherste Merkmal ist der orangerote Milchsaft, der herauströpfelt, wenn der Hut beschädigt wird.

Standort
Edelreizker wachsen auf neutralen bis kalkhaltigen Böden unter Kiefern. Man findet sie am besten an feuchten Orten, wo das Gras nicht so hoch ist. Ziemlich selten geworden.

Schafporling *Albatrellus ovinus*

Schafporlinge gelten in Deutschland als gefährdet. Sie dürfen laut Bundesartenschutzverordnung nicht gesammelt werden. In manchem skandinavischen Land gibt es sie jedoch in großer Zahl.

Wenn Sie nicht zufällig in einem Land Urlaub machen, wo der Schafporling gesammelt werden darf, sollten Sie sich an die anderen Pilze in diesem Buch halten, die wir beschreiben. Aber auch, wenn Sie den Pilz im Urlaub sammeln wollen, sollten sie sich vorher sicher sein, dass dies an Ihrem Urlaubsort erlaubt ist.

Der milde Geschmack der Schafporlinge lässt sich sehr gut mit Pilzen, die einen intensiveren Geschmack haben, mischen. Gut geeignet dazu sind Gerichte mit Pfifferlingen oder Edelreizker, die keine Konkurrenz durch Pilze mit speziellem Eigengeschmack vertragen. Auch können Fleischgerichte wunderbar mit ihnen verfeinert werden: gemahlen, gehackt und Hackfleisch untergemischt – als Frikadellen oder Nudelsauce. Der Geschmack des Schafporlings kann ein wenig an Lammfleisch erinnern, sodass er auch gut zu Lammgerichten passt.

Fast alle Pilzbücher zählen die Schafporlinge zu den sicher zu bestimmenden Pilzarten. Ein wenig merkwürdig eigentlich, denn sie haben Doppelgänger: die Semmelporlinge. Beide gehören zu den Porlingen, die eine dünne, feinporige Schicht unter dem Hut haben. Semmelporlinge sind aber gelblicher, etwa so wie eine helle Brotkruste. Sie sind nicht gefährlich, schmecken aber bitter und gehören nicht in den Pilzkorb.

Ein sicheres Merkmal unterscheidet die beiden: Kratzt man ein wenig an der Porenschicht und sie wird zitronengelb, so ist es der Schafporling. Man sieht dies auch bei der Zubereitung. Legt man die Pilzstücke in eine warme, trockene Pfanne, so wird sich der Schafporling bald deutlich gelb verfärben.

Köfte-Spieße

- **200 g gehackte Pilze**
- **1 gehackte Zwiebel**
- **Öl**
- **400 g Hackfleisch, am besten vom Lamm**
- **1 TL Salz**
- **1 EL türkisches Köftegewürz**
- **1 TL zerriebene Minzeblätter**
- **½ TL Kreuzkümmel**
- **1 Msp. Zimt**
- **2 zerdrückte Knoblauchzehen**
- **50 ml Wasser**
- **1 Ei**
- **50 g Paniermehl**
- **eine Handvoll gehackte Petersilie**
- **Salz, Pfeffer**

Pilze und Zwiebeln in Öl schmoren, abkühlen lassen. Hackfleisch mit Salz, Gewürzen, Wasser, Ei und Paniermehl kneten. Pilze, Zwiebeln und Petersilie untermischen. Den Teig zu länglichen Klößen formen, auf Grillspieße stecken oder in einen Doppelrost legen. Über einem heißen Kohlengrill braten. Am Ende salzen und pfeffern. Evtl. Paprika-, Zucchini- und Zwiebelstücke grillen. Genießen Sie die Düfte, fast wie in der Türkei.

Merkmale
Der Hut wird 6–10 cm breit. Seine Farbe wechselt zwischen weiß bis gräulich und hellbraun. Die Porenschicht unter dem Hut ist dünn und feinporig. Sie lässt sich nicht vom Hut trennen. Sie kann sich ein wenig den Stiel hinunter fortsetzen. Dieser setzt sich nicht deutlich vom Hut ab. Schafporlinge sind manchmal zusammengewachsen.

Standort
Schafporlinge findet man nur im Nadelwald unter Fichten. Sie treten vor allem im Gebirge und Mittelgebirge auf. Sie gelten in Deutschland als gefährdet und dürfen laut Bundesartenschutzverordnung in Deutschland nicht gesammelt werden. Wohl aber in Norwegen.

Preiselbeere *Vaccinium vitis-idaea*

Sie sind irgendwie solide und untadelig, die traditionellen Preiselbeeren. Viele kennen sie vermutlich zu Wildbraten. Jetzt ist es an der Zeit, einmal etwas anderes mit ihnen zu machen!

Hinaus mit Rucksack, Gummistiefeln und Eimer – zurück mit steifem Rücken und mindestens 30 Litern. So war das vielleicht mancherorts vor noch nicht allzu langer Zeit. Die ganze Familie auf Preiselbeertour. Da wurde fleißig gemeinsam Nahrungs- und Vitaminvorsorge für die Winterzeit betrieben.

Nun sind es nur noch wenige, die ihren Rücken über Heidesträucher krümmen. Versuchen Sie einmal, zu Hause anzukündigen, dass Preiselbeerzeit sei. Das kann akute Anfälle von Verweigerung hervorrufen. Aber versuchen Sie es trotzdem. Man muss ja keine ehrgeizigen Ziele stecken und kann sich mit wenig begnügen.

Stecken Sie sich eine Tüte in die Jackentasche. Pflücken Sie Beeren hier und dort entlang des Weges. Anfangs ist es genug, einen Trinkbecher zu füllen. Das reicht für einen kleinen Klacks Marmelade zum Weihnachtsbraten.

Wenn Sie Rast machen und die Thermoskanne hervornehmen, erzählen Sie: „Es war einmal“, so sagt auf jeden Fall eine alte Sage, „nachdem Gott alle Gewächse geschaffen und für gut befunden hatte, dass sich der Teufel auch einmal ausprobieren wollte. So schuf er die Preiselbeere, leuchtend rot und verlockend. Aber die Verlockung war an einen Fluch geknüpft: Jeder, der die Preiselbeere aß, sollte seine Seele an den Teufel verlieren und ihm gehören. Da beeilte sich Gott und setzte ein Zeichen des Kreuzes auf die Beeren.“ Seither können wir sie glücklicherweise unbesorgt zu uns nehmen.

Zu Hause wird es spannend, die säuerlichsüßen und leicht bitteren Beeren zu etwas Neuem und Untraditionellem zu verwandeln. Vielleicht ein kleines Preiselbeer-Sorbet mit Gin abgeschmeckt, als Zwischenmahlzeit während eines großen Festmahls? Oder versuchen Sie doch einmal eine Variation des französischen Kir: Weißwein mit Preiselbeersaft.

Marmelade müssen wir natürlich auch haben, aber die muss nicht so schmecken, wie sie immer geschmeckt hat. Probieren Sie mit Äpfeln zu mischen und lassen Sie Ingwer und Zimt mitkochen. Viel Zucker ist in diesem Fall nicht notwendig. Preiselbeeren enthalten das natürliche Konservierungsmittel Benzoesäure.

Merkmale
Kleine Trauben mit roten glänzenden Beeren, umrahmt von glänzenden, dunkelgrünen, abgerundeten Blättern, Preiselbeeren kann man kaum verwechseln. Innen sind sie fast weiß. Roh schmecken sie sauer und leicht bitter. Eventuell sehen die roten Beeren der Bärentraube ähnlich aus,aber diese sitzen einzeln an den Zweigen und sind fast geschmacklos.

Standort
Preiselbeeren wachsen auf mäßig feuchten und kalkarmen Böden in Nadel- und Mischwäldern, Gebüschen und Zwergstrauchheiden in vielen Gebieten Deutschlands. In Fichten- und Mischwäldern wachsen sie gerne etwas erhöht, wo der Boden weniger sauer und feucht ist.

Preiselbeer-Kranz

- 150 g grob gehackte Mandeln
- 150 g Zucker
- 1 TL Vanillezucker
- 1 TL Kardamom
- 1 TL Zimt
- 1 TL Kakao
- 1 Msp. Nelken
- 4 Eiweiß
- Salz
- 50 g Preiselbeer-Marmelade
- 200 ml Sahne
- 1 EL Zucker
- 2 TL Vanillezucker
- Preiselbeer-Kompott oder -Marmelade

Mandeln mit Zucker und Gewürzen mischen. Eiweiß mit einer Prise Salz steif schlagen und unter die Mandelmasse heben. Preiselbeer-Marmelade unterrühren. Die Masse in eine gut gefettete und gemehlte Springform füllen. Auf der unteren Schiene 25–30 Minuten bei 200 °C backen. Eventuell am Ende mit Alufolie abdecken. Auf dem Rost abkühlen lassen. Sahne mit Zucker und Vanillezucker steif schlagen und die Hälfte des Preiselbeer-Kompotts so einrühren, dass Streifen entstehen. Den Kuchen erst mit einer Hälfte der Preiselbeeren bedecken und dann die Sahne darauf verteilen.

Preiselbeer-Hering

- 6 Filets vom Salzhering
- 150 ml Wasser
- 10 zerdrückte Wacholderbeeren
- 75 ml Weinessig
- 75 ml Zucker
- ½ rote Zwiebel
- 1 Apfel
- 2–3 Handvoll Preiselbeeren

Salzheringe 2 Stunden wässern. Wasser mit Gewürzen aufkochen, abkühlen lassen. Heringsfilets in mundgerechte Stücke, Zwiebel in feine Streifen und Apfel in kleine Stücke schneiden. Alles schichtweise im Wechsel mit den Preiselbeeren in ein Glas legen. Flüssigkeit einfüllen. Ein paar Tage kühl durchziehen lassen.

Brombeere *Rubus fruticosus*

Sie sind so süß und weich – aber Vorsicht! Brombeeren wissen sich heftig zu wehren. Hier gilt es, sich mit List, Behutsamkeit und Lederhandschuhen zu nähern, wenn man nicht bis aufs Blut zerkratzt werden will.

Brombeeren lieben es warm und sonnig, gerne mit Windschatten im Rücken. Der Frühling muss zeitig kommen und der Sommer lange andauern, damit sich dieses wählerische Gesträuch ansiedeln und zur Reife kommen kann.

Vielleicht haben Sie einmal Brombeeren genascht und gedacht, dass das wohl ein allzu übermäßig gepriesenes Erlebnis sei: sauer oder wässrig? Da haben Sie zu früh oder zu spät probiert. Brombeeren im rechten Stadium zu pflücken, verlangt Fingerspitzengefühl. Einige Tage zu früh sind die Beeren zwar schon blauschwarz, aber noch ganz fest und sauer. Einige Tage zu spät fallen sie bei der geringsten Berührung herunter und ihr Geschmack ist wässrig und blass. Vollreife Brombeeren erkennt man daran, dass sie sich vollständig vom Blütenboden lösen lassen, ohne selbst zu weich zu sein. Dann kann man sich mit einem glücklichen lila Lächeln um die Lippen der Brombeer-Schwelgerei hingeben.

Und nie schmecken die kostbaren und köstlichen Brombeeren besser, als wenn wir sie sonnenwarm direkt vom Busch wegessen. Zusammen mit Melone werden die Beeren zu einem ästhetischen Erlebnis. Zum Marmeladekochen eignen sie sich nicht speziell, weil der Geschmack so mild und wenig säuerlich ist. Sie können aber mit anderen Früchten gemischt werden. Wenn Sie Brombeeren längere Zeit aufbewahren möchten, versuchen Sie eher, sie mit Zucker einzufrieren und bei Bedarf mit Sahne oder Zabaione lauwarm zu servieren.

Schwarze Perlen

- **400 g Brombeeren**
- **100 g Zucker**
- **1 Zimtstange**
- **2 cm Ingwer in Scheiben geschnitten**
- **Schale und Saft einer halben Zitrone**
- **200 ml Rum**

Beeren und Zucker in ein dicht verschließbares Glas füllen. Gewürze, Zitronenschale, -saft und Rum hinzufügen. Täglich wenden, bis sich der Zucker aufgelöst hat. Die Beeren lauwarm über Eiscreme geben.

Rubintrank

Sind die Beeren aufgegessen, ist noch das Beste übrig. Rum abseihen, in kleinen Gläsern servieren. Wenn nötig, mit Alkohol und Zuckerwasser abgeschmecken. Ein alter Tipp: Brombeersaft hilft bei wundem Mund.

Merkmale
Brombeeren ähneln den Himbeeren, aber ihre Farbe wechselt von Grün über Rot zu Blauschwarz. Im ersten Jahr wachsen nur die Triebe. Blüten und Beeren folgen im zweiten Jahr, um dann gleich wieder zu welken und Platz für neue zu machen. Die Stängel haben kräftige Dornen.

Standort
Brombeeren sind wärmeliebend und wachsen bevorzugt an sonnigen bis halbschattigen Stellen an Waldrändern, in Hecken oder als Pioniergehölz in und außerhalb der Wälder. Die Beeren brauchen eine lange Saison, um zu reifen.

Rose *Rosa*

Rotwangig leuchten die Hagebutten in der Herbstsonne – fast eine Gesundheitsreklame. „Apfelsinen des Nordens" wurden sie genannt, als Orangen noch seltene und exotische Früchte waren. Dabei enthält die Hagebutte im Vergleich 20-mal mehr Vitamin C als die Orange.

Funde großer Mengen Rosensamen in mittelalterlichen Städten bezeugen, dass die Hagebutte schon sehr lange wertgeschätzt wurde. Man verwendete sie in Zeiten des Mangels, um Mehl zu strecken. Die Hagebutten wurden dazu mitsamt den Samen getrocknet und gemahlen.

Ihre Vitamine haben so manchen winterbleichen und kränkelnden Menschen bei einseitiger Winterkost gerettet. Sie enthalten Vitamin C, A und B, Eisen und Kalzium. Der Gehalt kann von Art zu Art variieren, aber generell sind Wildarten wertvoller als gezüchtete. Die roten Farbstoffe, die Carotinoide, sind effektive Antioxidantien. Sie fangen freie Radikale.

Allen ihren prächtigen Eigenschaften zum Trotz, haben Hagebutten einen großen Nachteil: die haarigen Samen im Innern. Am besten pflückt man Hagebutten im Spätherbst, wenn sie vollreif und fest sind – noch vor dem Frost, der sie weich und matschig macht. Dann nimmt auch der Vitamingehalt ab. Zuhause steht man dann vor dem vollen Eimer und dem Dilemma: putzen oder nicht putzen? Es ist viel Arbeit, sie mit dem Messer aufzuschneiden und die Samen mit dem Teelöffel auszukratzen. Aber als Ausgleich erhält man den feinsten Rohstoff, um Mus oder Marmelade zu kochen.

Alternativ kann man auch die Früchte aufschneiden und im Wasser schwenken. Die meisten Samen fallen dabei heraus. Oder man schneidet sie auf, trocknet sie und schüttelt sie später in einem Eimer. Dann fallen die Samen zu Boden und können mit Hilfe eines feuchten Handtuchs unter dem Deckel entfernt werden. Aber manchmal reicht auch die Faulenzermethode: Hagebutten abspülen, nur Blüten und Stängel abschneiden und im Backofen bei niedrigster Temperatur und spaltweit geöffneter Ofentür trocknen. Zwischendurch immer wieder wenden. In der Zwischenzeit können Sie genießen, wie sich das Haus mit dem weltbesten Aroma füllt, und sich auf eine köstliche, nostalgische Hagebutten-Suppe an einem kalten Wintertag freuen.

Merkmale
Wilde Hagebutten sind länglich oder kugelrund, glatt oder rauhaarig, klarrot oder bräunlich – aber alle essbar. Ein festes Fleisch umschließt die Samen (siehe S. 66). Hagebutten der Kartoffelrose sind am fleischigsten und haben eine flachgedrückt runde Form.

Standort
Rosen lieben es warm und sonnig. Die einheimische Hundsrose wächst an Weg- und Feldrainen, in Buschsäumen und an Waldrändern, wo sie viel Licht bekommt. Sie toleriert auch karge, trockene Standorte. Es gibt eine Vielzahl an wildwachsenden Rosenarten. Sie alle haben essbare Blüten. Zierpflanzen sind in der Regel eher schwach im Geschmack.

Tee in der Erkältungszeit

> **1 EL getrocknete Hagebutten auf 1/4 l Wasser**

Hagebutten zerdrücken. Aufkochen und zugedeckt 10–15 Minuten kochen lassen. Tee abseihen. Machen Sie ruhig eine größere Portion. Den Rest kann man später wieder aufwärmen. Eine gute Portion Honig hinzunehmen und mit einer Zimtstange umrühren.

Nostalgische Hagebutten-Suppe

> **300 g getrocknete Hagebutten**
> **1 l Wasser**
> **1 Vanilleschote**
> **100 ml Zucker**
> **1 EL Maisstärkenmehl**
> **50 ml kaltes Wasser**

Hagebutten grob zerdrücken, mindestens 3 Stunden, gerne über Nacht, zum Einweichen in 1 Liter Wasser legen. Im Einweichwasser 15 Minuten zusammen mit der Vanilleschote mürbe kochen. Das Kochwasser abseihen und aufheben. Mit dem Stabmixer pürieren. Wenn Sie nur Hagebutten mit Samen haben, streichen Sie sie durch ein Sieb, anstatt sie zu pürieren. Mus, Kochwasser und Zucker mischen, aufkochen. Maisstärkenmehl in kaltem Wasser anrühren und vorsichtig zum Andicken hinzugeben. Mit einem Klacks Sahne, Mandelblättchen und einer Prise Zimt servieren.

Schopftintling

Coprinus comatus

Heute fest und weiß – morgen aufgelöst zu schwarzer Tinte. Kein anderer Pilz wirkt wohl so mystisch in seinem plötzlichen Erscheinen und Verschwinden. Ein herbstliches Hokuspokus veranstaltet der Schopftintling für uns.

Eines Tage leuchtet es plötzlich auf der Wiese weiß auf. Inmitten des Grüns sieht es aus, als wäre ein fantasievoller Märchenbuchillustrator über Nacht am Werk gewesen: hohe, weiße Hüte in hellen Massen.

Da heißt es, Tag und Pilz zu ergreifen und ein Spontan-Gourmet zu sein, und sei es an einem Montag. Wenn Sie bis zur geplanten Pilztour am Sonntag warten, riskieren Sie, dass Sie mit leeren Händen dastehen oder mit einigen traurigen, schmutzig weißen Stiften – den übrig gebliebenen Stielen von etwas, was vorgestern ein Drei-Sterne-Essen gewesen wäre. Der Rest ist zu einer schwarzen Schmiere zerlaufen.

Schopftintlinge sind merkwürdig: jung erst so schmackhaft und dann so unappetitlich, wenn sie nur etwas zu alt sind. Sie sind dann nicht nur ekelig, sie dürfen auch nicht gegessen werden. Aber lassen Sie sich nicht abschrecken. Der Pilz gehört zu den besten Speisepilzen in diesem Buch und ist zudem leicht zu erkennen.

Zuerst ähneln die Pilze kleinen Eiern im Gras. Dann strecken sie sich und bekommen einen lang gestreckten Zylinder, der bis zu 15 cm lang wird. Der Stiel ist oben im Hut befestigt. Dort ist der Hut abgerundet und oft etwas sandfarben und klebrig. Der Rest des Hutes ist weiß und hat eine fusselige Oberfläche.

Wenn man den Schopftintling auseinanderschneidet, findet man mehrere sichere Merkmale: Das Fleisch ist fest und weiß. Die Lamellen sind weiß, papierdünn und sitzen dicht an dicht. Der Stiel des Schopftintlings ist innen hohl und hat dort, wo der Hut endet, einen deutlich erkennbaren Hautring.

Auch wenn die Pilze von außen weiß und gut aussehen, kann der Schein trügen. Schneiden Sie den Hut durch und vergewissern Sie sich. An großen Pilzen beginnen sich die Lamellen von unten her zu verfärben. Zuerst bekommen sie einen leichten rosa Schimmer, dann färben sie sich grau mit einem schwarzen Rand – kurz bevor sich der ganze Hut zu unappetitlicher schwarzer Tinte verflüssigt.

Um Schopftintlingen zu begegnen, muss man keine weiten Wege gehen. Sie wachsen gerne auf nährstoffreichen Wiesen. An Straßen und Müllhalden lässt man sie besser stehen. Aber am Waldrand entlang von Weiden, im Park, auf Wiesen von Schulen oder Sportanlagen kann man sie gut pflücken. Lassen Sie gegen Herbst das Gras wachsen, könnten Sie sie sogar im Garten haben. Sie sollten die missbilligenden Blicke der Nachbarn wegen der ungepflegten Wiese in Kauf nehmen. Schopftintlinge tragen ihren Hut hoch – mit gutem Grund.

Der rasche Verfärbungsprozess der Lamellen endet nicht mit dem Pflücken. Die Pilze müssen sofort verarbeitet werden. Unter kaltem Wasser säubern. Kleine Exemplare können ganz bleiben, größere müssen geteilt werden, sodass fleckige Stellen herausgeschnitten werden können. Die

Merkmale
Der Hut sitzt wie ein hoher Zylinder rund um den Stiel. Er ist weiß, schuppig oder filzartig. Die Spitze ist abgerundet und blassbraun. Am Stiel sitzt ein deutlicher Hautring. Die Lamellen sind dünn und sitzen sehr dicht zusammen. Sie sind zunächst weiß, dann grau, am Ende schwarz und ungenießbar.

Standort
Auf nährstoffreicher Erde, am liebsten auf gut gedüngten Wiesen und Rasenflächen, in Parks und auf Schutt- und Sportplätzen. Sehr häufig und oft in großen Mengen.

Hüte mittendurch und dann entlang der Lamellen in Streifen teilen. Wenn Sie die Pilze nicht sofort verbrauchen, legen Sie sie in einem feuchten Handtuch kühl. Aber lassen Sie sie nicht zu lange liegen – überraschen Sie lieber sich und andere mit diesem extravaganten Pilz sofort.

Schopftintlinge können anders zubereitet werden als andere Pilze. Die Konsistenz hat etwas austernartig Delikates. Sie passen deshalb besonders gut zu Fisch.

Manche sind gegenüber dem Schopftintling skeptisch, denn er hat einen etwas tückischen Verwandten: den grauen Faltentintling. Dieser enthält einen Antabus ähnelnden Giftstoff. Dieser löst sich im Körper zwar nur in Kombination mit Alkohol heraus, aber er ist kein Speisepilz, selbst, wenn sie gedacht haben, zum Essen nur Wasser zu trinken.

Diese beiden Pilzarten voneinander zu unterscheiden, sollte Ihnen keine Probleme bereiten. Der graue Faltentintling ist, wie sein Name schon sagt, viel grauer. Er hat auch keinen Zylinder, wie der Schopftintling, sondern eher einen glockenförmigen Hut.

Die Tintling-Familie hat noch weitere unbekömmliche Mitglieder, die wir umgehen sollten: den Struppigen Dungtintling, den Perlhuhntintling und den Haustintling – richtig giftig sind sie nicht, aber auch nicht essbar. Es gibt sogar noch einen Schneeweißen Tintling, der wohl auch schmackhaft aussieht. Aber er wächst auf frischem Dung und trägt keinen Zylinder.

Knusprige Kalorienbomben

Haben Sie einen Sinn für frittierte Tintenfische? Dann wird Ihnen dieses Gericht gefallen.

- **200 g Weizenmehl**
- **150 ml Milch**
- **2 EL geschmolzene Butter**
- **2 Eiweiß**
- **Salz**
- **Frittierfett**
- **20 kleine, feste Schopftintlinge**
- **gemischter Blattsalat**
- **kleine Tomaten**
- **Zitrone**
- **Basilikum**

Weizenmehl, Milch und geschmolzene Butter verrühren. Eiweiß mit etwas Salz steif schlagen, vorsichtig unter die Masse heben. Frittierfett in einem Topf mit dickem Boden erwärmen. Die Hitze des Fetts ist gut, wenn sich an einem hineingehaltenen Holzstiel Schaum bildet. Pilze in den Teig tauchen, portionsweise im Fett braun frittieren, auf Küchenpapier legen. Im Backofen warm halten, bis alle fertig sind. Einen Teller mit Salat und Tomaten bedecken und Pilze und Zitrone darauf verteilen.

Flacher Fisch, hohe Pilze

- **Schopftintlinge**
- **kleine Garnelen mit Schale**
- **Spinat, Butter, Lauch**
- **Weißwein oder trockener Wermut**
- **Flunderfilets (2–3 kleine Filets pro Person)**
- **Salz, Zitronenpfeffer und weißer Pfeffer**
- **Maisstärkemehl**
- **Sahne**
- **Dill**

Pilze zerteilen, Garnelen reinigen, aus den Schalen eine Brühe kochen, abseihen. Spinat in Butter dünsten, bis er zusammenfällt, mit Salz und etwas weißem Pfeffer abschmecken. Lauch in Streifen schneiden, in einer großen Pfanne in Butter weich dünsten und mit Wein oder Wermut ablöschen, sodass der Boden bedeckt ist. Fischfilets mit Salz und Zitronenpfeffer würzen und doppelt gefaltet auf den Lauch legen. Bei geschlossenem Deckel gerade fest werden lassen. Fisch herausnehmen, Brühe abgießen, Lauch zurückbehalten. Fisch- und Garnelenfond mischen. Maisstärkemehl in Sahne anrühren und zum Andicken hinzufügen. Reichlich frisch geschnittenen Dill hinzugeben. Pilze, Lauch und Garnelen in der Sauce aufwärmen, ohne zu kochen. Auf dem Spinat anrichten.

September-Salat

- **Schopftintlinge**
- **grüne Nudeln**
- **Pesto**
- **1 rote Zwiebel**
- **Oliven**
- **Parmesankäse**

Pilze in mundgerechte Stücke teilen. 2 Minuten in leicht gesalzenem Wasser blanchieren. Nudeln bissfest garen, abgießen und mit Pilzen und Pesto mischen. Zwiebel in hauchdünne Scheiben schneiden, zusammen mit Oliven unterheben. Alles ein wenig ziehen lassen, Parmesan darüberreiben und den Salat warm servieren.

Trompetenpfifferlinge

Cantharellus tubaeformis

Trompetenpfifferlinge sind die Tarnkünstler des Waldes. Wandern Sie zügig, sind Sie sicher geradewegs an dieser graubraunen Kleinigkeit vorbeigesaust. Aber kleine Hüte können in sich einen großen Geschmack verbergen.

Es ist so herrlich, zum ersten Mal inmitten großer Mengen von Trompetenpfifferlingen zu stehen. Über dem Moos drängen sie sich in Gruppen und Bändern. Ihre Hüte sind gerade einmal einen guten Zentimeter breit, aber was macht das?

Wenn Sie Trompetenpfifferlinge finden wollen, müssen sie den speziellen „Pilzblick" entwickeln – jener, der sich auf die kleinen Details einstellt: die spezielle Form, die richtige Farbe, den typischen Wuchsort. Und Sie können auch gleich den Geruchssinn mobilisieren. Wenn man das etwas wachsartige Fleisch zwischen den Fingern zerreibt, erkennt man den charakteristischen Duft – delikat würzig und süß.

Haben Sie sich derart mit ihnen vertraut gemacht, passiert etwas Merkwürdiges: Sie brennen sich ins Gedächtnis ein. Sodann entdeckt man die schmackhaften kleinen Hüte oft, selbst dort, wo Uneingeweihte vorbeigehen.

Trompetenpfifferlinge sind treue Pilze. Haben Sie einen Standort gefunden, so merken Sie ihn sich gut. Sie können sich nun schon auf das nächste Jahr freuen – und auf das nächste und nächste. Ein netter Zug von ihnen ist es auch, dass sie so spät im Herbst kommen. Die anderen Pilzarten liegen schon schlaff und wurmstichig danieder. Aber die kleinen grauen geben nicht vor dem Frost auf. Sie können bei milderem Wetter sogar noch weiterwachsen.

Die Pilze sind vielseitig anwendbar, in Suppen, Eintöpfen, Aufläufen und Pies oder nur als Snack gebraten. Schmächtig, wie sie sind, eignen sie sich auch zum Trocknen. Auf einem Rost ausbreiten und warm und luftig stellen, eventuell bei ganz schwacher Wärme im Backofen. Man kann sie auch mit einer Stopfnadel auf einen Faden auffädeln und zum Trocknen aufhängen. Die trockenen Pilze kann man gut zu Gewürz zerreiben. Verwenden Sie es in Fleischbällchen und Eintöpfen. Es passt auch sehr gut an eine spätherbstliche Suppe aus kraftvollem Wurzelgemüse mit einem Sahneklecks obenauf.

Merkmale
Klein, aber leicht zu erkennen: graubrauner Hut auf gelbem Stiel. Vom Hut führt ein deutlicher Trichter hinab, leicht zu sehen, wenn man den Pilz zerteilt. Unter dem Hut sind Leisten, die sich oft gabelförmig teilen und ein Stück den Stiel hinablaufen. Ähnlich: Starkriechenden Trompetenpfifferlinge, die ebenfalls gut schmecken.

Standort
Trompetenpfifferlinge wachsen in Nadelwäldern, weil sie bei Fichten wachsen. Man findet sie in moosreichen, älteren Fichtenwäldern zusammen mit Heidelbeeren.

Pilz-Piroggen

- 100 g Margarine
- 250 g Weizenmehl
- 1–2 EL kaltes Wasser
- 250 g Pilze
- 1 kleine Zwiebel
- 2 Knoblauchzehen
- 50 ml Rotwein
- 2 TL Sojasauce
- 2 EL saure Sahne
- Salz, Pfeffer
- Ei zum Bestreichen

Margarine und Mehl zu einer gleichmäßigen Masse verkneten. Wenn der Teig zu klumpen beginnt, Wasser zufügen . Ein Stunde kühl ruhen lassen. In der Zwischenzeit Pilze braten, Zwiebel dünn schneiden und zugeben, zuletzt zerdrückten Knoblauch zufügen. Wein, Sojasauce und saure Sahne hinzugeben, etwas einkochen. Mit Salz und Pfeffer abschmecken. Evtl. noch Petersilie, Estragon, Thymian oder einige zerdrückte Wacholderbeeren zufügen. Teig dünn ausrollen und ca. 12 x 12 cm große Vierecke ausschneiden. Jedes mit einem Löffel Pilzfüllung belegen. Ränder mit Ei bestreichen, zusammenfalten und mit einer Gabel andrücken. Aus dem Teigrest vielleicht kleine Pilze ausschneiden, um Piroggen damit zu dekorieren. Mit Ei bestreichen und im Ofen ca. 20 Minuten bei 200 °C braun backen.

Sauer eingelegte Kleinpilze

- 30 ml Weinessig, 30 ml Wasser
- 30 ml Weißwein
- ½ TL Zucker, ½ TL Salz
- 3 Pimentkörner
- 5 Pfefferkörner
- ½ TL Senfkörner
- 100 g Trompetenpfifferlinge, große Pilze zerteilen
- 1 Schalotte, in Scheiben geschnitten
- Preiselbeeren, Thymian

Flüssigkeiten mit Zucker, Salz und Gewürzen 5 Minuten kochen lassen (zerdrückte Körner intensivieren den Geschmack). Pilze und Zwiebeln hinzufügen, weitere 5 Minuten kochen. In sterile Gläser füllen, frische Preiselbeeren und evtl. einen frischen Thymianzweig zugeben. Darauf achten, dass die Flüssigkeit alle Zutaten gut abdeckt.

Wacholder *Juniperus communis*

Es ist nicht leicht zu erkennen, dass es sich um dieselbe Art handelt: ein kriechender, zerzauster Busch an der Küste oder hoch im Gebirge – und ein stattlicher, über 15 m hoher Säulen-Wacholder. Aber die Beeren beider Sträucher sind dieselben: blau bereift, wunderschön und bittersüß.

Der Wacholder ist eine altbekannte Pflanze in Deutschland. Während der Eiszeit prägte er zusammen mit Gräsern und anderen Gebüschen die Vegetation. Seine heutigen Bestände sind durch Beweidung mit Vieh entstanden, da die Weidetiere seinen nadeligen Blätter verschmähten. Durch seine weite Verbreitung trägt er viele Namen, wie Quickholder, Machandelboom, Wachtelbeerstrauch, Feuerbaum.

Der Wacholder war einst ein heiliger Baum. Niemand durfte ihn fällen, denn unter ihm sollten Wesen aus der Unterwelt wohnen. Aber zum Glück besaßen die Beeren auch beschützende Kräfte. Niemand konnte Wöchnerinnen gegenüber bösen Geistern besser schützen. Mit einigen Beeren in der Tasche hielt man sich angeblich alles Böse vom Leib.

Wacholderzweige wurden in die Ställe gehängt, um Hexen und Zauberer zu erschrecken. Zu Festtagen musste der Boden mit Zweigen bestreut werden, die das ganze Haus mit Wohlgeruch erfüllten. Lauge, die aus Wacholder gekocht wurde, war das beste verfügbare Waschmittel, nicht nur für Kübel und Bottiche, sondern auch für Haut und Haar.

Heilmittel, die auf Wacholder basieren, können bis ins Altertum zurückverfolgt werden. Sie galten als Universalmittel. Wacholderschnaps war das Hausmittel gegen Erkältung, Magenschmerzen und Altersleiden. Wacholderöl linderte Rheumatismus und Muskelschmerzen und verbesserte die Blutzirkulation. Wacholder-Weihrauch wurde zum Ausräuchern von Krankenräumen verwendet.

Eine norwegische Spezialität ist „treak", eine Art Lakritz, das aus den Beeren zusammen mit Zucker, Milch und Sahne gekocht wird. Wahrscheinlich kommt der Name von „Theriak", einem medizinischen Lakritz, das besonders in Südeuropa weithin bekannt war. Einige verweisen auf das altnordische Wort „trehakl", das Gegengift bedeutet.

Heute wissen wir, dass die Beeren und Zweige neben ätherischen Ölen mit herrlichem Duft und Geschmack auch Stoffe enthalten, die antiseptisch und antibiotisch wirken. Deshalb legen wir, wie schon unsere Vorfahren, Wacholder in den Räucherofen. Dies macht Fleisch und Fisch schmackhaft und haltbar.

Sobald die Beeren blau schimmern, sollte man Büsche finden, die noch nicht von Amsel und Auerhahn, Birk- oder Schneehuhn leer gepickt sind. Aber man erhält durch wenige Beeren schon viel Geschmack. Die meisten werden den Wacholdergeschmack in der Wildbratensauce kennen – schon wenige Beeren können ein zahmes Schweinefilet in ein „Wildschwein" verwandeln. Wenn Sie Gin mögen, werden Sie den Geschmack auch in vielen anderen Gerichten mögen – in Sauerkraut und Heringstöpfen, Brot und Gewürzkuchen. Die Beeren sind leicht zu trocknen und halten sich jahrelang.

Merkmale
Wacholderbeeren brauchen 2 Jahre, um zu reifen. Im ersten Jahr sind sie grün, im nächsten schwarz, aber mit einer Wachsschicht umgeben, die sie blau erscheinen lässt. Die Beere ist eigentlich ein saftiger Zapfen, der aus drei fleischigen Zapfenschuppen gebildet wird.

Standort
Wacholder toleriert die unterschiedlichsten Wuchsorte, von kargen Felskuppen bis zu Waldböden und trockenen Hängen. Er ist aber eine Lichtpflanze. Sein Vorkommen erstreckt sich über den größten Teil Deutschlands.

Gegrillte Wacholder-Forelle

Zubereitung über Nacht

- **2 Forellenfilets**
- **Wacholderbeeren**
- **Salz**
- **Zitronenpfeffer**

Hautlose Seite der Filets mit zerdrückten Wacholderbeeren, Salz und Zitronenpfeffer gut einreiben. Mit Folie abdecken, über Nacht kühl stellen. Vorsichtig abtrocknen und auf den Grill legen, zuerst mit der Fleischseite nach unten, dann wenden. Innen muss es noch ein bisschen weich sein. Auf dem Kohlegrill das Filet am besten in einen Doppelrost legen. Mit einem Wacholderzweig in der Glut können Sie ein wenig Raucheraroma erzeugen.

Wacholderbeeren-Brot

- **50 g Butter**
- **400 ml Milch**
- **2 EL Wacholderbeeren**
- **2–3 EL dunkler Sirup**
- **1 TL Salz**
- **1 Päckchen Hefe**
- **700 g gemahlenes Roggenvollkorn (grob und fein gemischt)**
- **500 g Weizenmehl**
- **Milch und Sahne zum Bestreichen**

Butter schmelzen, Milch zusetzen, handwarm werden lassen. Wacholderbeeren im Mörser zerdrücken, eine Weile in der Flüssigkeit ziehen lassen. Sirup und Salz zufügen. Hefe hinzufügen, auflösen. Roggenmehl und den größten Teil des Weizenmehls in eine Schüssel geben. Flüssigkeit hinzugeben und langsam von der Mitte aus einrühren. Den Rest des Weizenmehls nach und nach einarbeiten. Abdecken, eine Stunde an einem warmen Ort gehen lassen. Teig in 2 Hälften teilen, nochmals gut durchkneten. 2 cm dick ausrollen. Mit einem großen Glas ausstechen. Reste ausrollen und zum Verzieren verwenden. Muster einstechen, nochmals 1/2 Stunde gehen lassen. Mit einer Milch-Sahne-Mischung einstreichen und evtl. etwas Kleie darüberstreuen. 12–15 Minuten bei 225 °C backen.

Schwarzer Holunder

Sambucus nigra

Haben Sie sich gemerkt, wo sich die weißen Holunderblüten im Sommer entfaltet hatten? Im Spätherbst ist es Zeit, zu den Beeren zurückzukehren. War die Saison lang und warm, hängen sie nun dicht, kugelrund und blauschwarz an weinroten Stielen.

Zunächst sind sie grün und hart. Dann wechselt die Farbe ins Rötliche, aber erst im blauschwarzen Stadium sind die Beeren weich und essbar. Das haben die Vögel auch entdeckt. Alles ist dann mit blaulila Klecksen dekoriert. Auf diese Weise sind die Vögel bei der Samenverbreitung behilflich, und der Holunder treibt selbst auf dem kargsten Boden willig aus.

Der schwarze Holunder ist in Mitteleuropa zuhause. Er bot einst Schutz vor Blitzschlag. Dieser Glaube war in vielen Ländern Europas verbreitet. Nur mit wenigen anderen Gewächsen ist so viel Magie und Zauberei verbunden. Bei den Germanen war er der Liebesgöttin Freya gewidmet. Sie findet sich als Frau Holle oder Hyldemor in den Märchen wieder.

Viele Heilkuren verwenden Holunder. Aus dem Holz wurden Amulette hergestellt, die man um den Hals trug. Der Saft wurde gegen Entzündung in die Ohren getropft, und er färbte Haare wunderbar schwarz. Aufgrund des großen Aberglaubens wurde seine wohltuende Wirkung lange nicht ernst genommen. Aber jetzt tauchen Präparate mit Holunderbeeren in Apotheken und Drogeriemärkten auf. Und wir wissen heute warum. Die Beeren enthalten große Mengen an Vitamin A und B, und auch etwas Vitamin C, aber weniger als Vogelbeeren und Hagebutten.

Holunderbeeren können zu Saft, Marmelade und Likör verarbeitet werden. Zuerst müssen aber Tausende der kleinen Beeren von den Stielen abgezogen werden. Möchte man etwas mit dem Geschmack experimentieren, so kann man Zitronenschale und Gewürze wie Nelken und Zimt hinzufügen. Man sollte allerdings nicht zu viele ganze Beeren essen, denn die Kerne enthalten abführende Stoffe. Sie können auch getrocknet, gemahlen oder gestoßen und dann mit kochendem Wasser als Tee verwendet werden. Grüne Beeren sind stark unbekömmlich, deshalb immer nur völlig reife sammeln.

Merkmale
Die Beeren sind fast schwarz und glänzen metallisch. Sie sitzen an roten Stielen, die sich biegen, wenn die Beeren reif sind. Der rote Holunder hat hellere Blätter. Die Blüten sind gelbgrün und sitzen in fast kugeligen und nicht flachen Schirmen. Die Beeren sind rot.

Standort
Der schwarze Holunder ist einer unserer häufigsten Sträucher. Er ist stickstoffliebend und ausgesprochen frosthart. Er wächst im ganzen Land an Waldrändern, in Lichtungen, Hecken und Gebüschen und an Schuttplätzen. Er wird auch kultiviert.

„Indian Summer"

> **2 Schalotten**
> **2 Hähnchenbrustfilets**
> **Olivenöl**
> **1 große Knoblauchzehe**
> **Kokosmilch**
> **Hühnerbrühe**
> **1–2 TL Currypaste**
> **1 EL Mangochutney**
> **Saft von einer Limone**
> **feste Bananen**
> **Holunderbeeren**
> **Cashewnüsse**

Schalotten und Hähnchen in Streifen schneiden, in Öl goldbraun braten. Am Schluss zerdrückten Knoblauch zufügen. Mit Kokosmilch und evtl. etwas Hühnerbrühe ablöschen. Currypaste und Mangochutney einrühren, mit Limonensaft abschmecken, alles einige Minuten köcheln lassen. Auf Teller verteilen. Bananen vierteln, rasch braten, darauflegen. Holunderbeeren und Nüsse darüberstreuen, ein schöner Kontrast in Farbe und Geschmack.

Erkältungssaft

> **1 kg Holunderbeeren**
> **1/4 l Wasser**
> **1 kg Zucker**

Beeren mit dem Wasser aufkochen, bis sie zerplatzen und ihren Saft entlassen. Durch ein Tuch abseihen. Noch einmal 10 Minuten mit Zucker aufkochen. Den Schaum abschöpfen. Den Saft in dicht schließenden Flaschen kühl aufbewahren. Als heißen Fruchtsaft oder Punsch servieren. Experimentieren Sie mit Gewürzen wie Nelke, Zimt und Kardamom. Einen guten Löffel Honig hinzugeben – und vielleicht auch noch einen kleinen Schluck Cognac.

Eberesche *Sorbus aucuparia*

„Hoch hängen sie, sauer sind sie", sagt man in Norwegen verächtlich über die Vogelbeeren. Aber haben Sie bemerkt, wie gut Vogelbeeren eigentlich schmecken, wenn sie in die richtige Gesellschaft geraten?

Vogelbeere oder Eberesche nennt man diesen Baum, um den sich viele Geschichten ranken. In alten Zeiten war die Eberesche im nordischen Raum der Baum des Gottes Donar, der Lebensbaum schlechthin. In den brandroten runden Beeren lag Donars Kraft, die sich denen mitteilen sollte, die sie aßen.

Nicht nur die Beeren besaßen Kräfte. Aus den Zweigen machte man Amulette und Wünschelruten. Eine Wünschelrute aus Eberesche konnte Wasseradern und verborgene Schätze finden. Ein Axtstiel aus Ebereschenholz sollte einen davor bewahren, sich zu verletzen. Auch freundliche Geister wohnten in der Eberesche. Sie beschützten Haus und Hof, Mensch und Vieh vor Hexen und Wesen aus der Unterwelt. Deshalb wurde die Eberesche oft als Dorfbaum gepflanzt. Aber die Geister forderten auch – sie konnten störrisch werden, wenn sie nicht ihren Teil vom Weihnachtsbier bekamen.

Noch immer sind Ebereschen im Volksglauben für Prophezeiungen gut. Viele Beeren, viel Schnee, glaubt man zum Beispiel. Andere sind vom Gegenteil überzeugt: Die Eberesche wird nicht zwei Bürden im selben Jahr tragen müssen. Eine eher sichere Vorhersage ist, dass ein gutes Vogelbeerenjahr auch ein gutes Apfeljahr sein wird. Dann kann sich die Vogelbeermotte nämlich dort vergnügen, und wir bekommen Äpfel ohne Maden.

Vogelbeeren gehören zu den letzten Beeren im Jahreslauf, die wir pflücken können, wenn die Natur auf dem Weg in den Winterschlaf ist. Während andere Beeren durch Frost matschig und wässrig werden, erreichen Vogelbeeren erst danach ihr bestes Reifestadium. Der Frost wandelt noch einen Teil der Stärke in Zucker um, was den sauren Beeren guttut. Aber es gilt, den Vögeln zuvorzukommen. Das sicherste ist, den Beeren die Frostnacht im Gefrierfach zu geben.

Danach kann man die Beeren in einen bittersüßen, raffinierten Klassiker verwandeln: Vogelbeergelee. Sie müssen bis zum Entsaften gekocht werden. Der Saft muss dann abgeseiht werden und mit viel Zucker weitergekocht werden, bis er bei der Geleeprobe fest ist. Die Beeren sind auch ein ausgezeichneter Rohstoff für die Weinherstellung. Oder man macht es sich einfach: die Beeren in Alkohol legen und sich auf einen kleinen scharfen Tropfen am Weihnachtsabend freuen.

Merkmale
Jede Vogelbeere ähnelt einem kleinen Apfel. Sie hängen dicht in großen schirmförmigen Rispen. Die Eberesche erkennt man auch an den schmalen Blättern, die sich paarweise am Stängel gegenübersitzen. Der rote Holunder hat ähnliche Beeren, diese sind jedoch kleiner und sitzen in fast kugeligen Rispen.

Standort
Die Eberesche ist im ganzen Land verbreitet. Sie braucht Licht und ist deshalb an lichten Stellen in Laub- und Nadelwäldern, Moorwäldern und an Weg- und Waldrändern zu finden. Sie wird auch als Straßen- und Obstbaum angepflanzt.

Brennender Beerentopf

- › **250 g Fenchel**
- › **200–300 ml Wasser**
- › **½ kg Äpfel**
- › **1 kg Vogelbeeren**
- › **1 kg Zucker**
- › **ein kleines Glas Cognac, Rum oder Pernod**

Fenchel fein schneiden. 5 Minuten in Wasser kochen. Äpfel in Stücke schneiden, mit den Beeren zum Fenchel geben. Gut aufkochen. Saft abseihen, mit Zucker etwas einkochen. Beeren, Äpfel und Fenchel hineinlegen. Vorsichtig 15 Minuten weich kochen. Marmelade in ein kleines Glas füllen und mit einem Schluck Cognac „versiegeln". Dies ist eine wunderbare Beilage zu einem kräftigen Wildgericht oder vielleicht einem Stück grober Wildpastete.

Schlehe *Prunus spinosa*

Sie sehen verlockend aus, schön, blau bereift. Wie Miniaturpflaumen. Aber beim Reinbeißen zieht es einem den Mund zusammen: sauer und bitter, voll von Gerbstoffen. Soll das für Menschen bekömmlich sein? Wer Schlehenlikör kennt, weiß die Antwort.

Wie eine Wolke in weiß steht die Schlehe im Frühling, wenn sie an nackten Zweigen blüht. Sie ist dann am leichtesten zu entdecken, bevor die anderen Sträucher ihr Laub entfaltet haben. Merken Sie sich den Ort gut und kommen Sie am Ende des Herbstes hierher zurück, wenn der Frost in die Pflückfinger und in die winzigen Früchte beißt. Jetzt sind die Früchte reif.

Schlehen brauchen Wärme, aber sonst sind sie genügsam und siedeln gerne an kargen Böschungen und steinigen Stellen. Dort können sie die verwachsensten und undurchdringlichsten Gebüsche ausbilden, denn die Zweige tragen fiese Dornen – nicht solch scharfe, wie bei Rosen und Brombeeren, aber spitz und lang.

Wenn Sie sich zum Sammeln im Schlehengebüsch verführen lassen, nehmen Sie auch ein paar Zweige mit. Denn eine alte Weisheit besagt, dass es nichts Besseres als Schwarzdorn gibt, um Hexen in der Walpurgisnacht zu verjagen.

Simon Paulli schrieb im 17. Jahrhundert, dass der Saft der reifen Früchte in Bier gemischt, dieses schmecken lässt wie „einen roten, alten Wein, mit dem man den Magen stärken kann." König Ferdinand II. hat seinen Hofkellermeister dazu gebracht, köstlichen Wein aus Schlehen zu machen. Wir selbst können sie leicht in einen süßen Likör oder einen hochprozentigen Schnaps verwandeln. Wer den seltenen Geschmack erraten kann, dem wird nachgeschenkt ...

Aber Schlehen sind für jemanden, der offen für Experimente ist – und nicht mit Zucker geizt, noch zu mehr zu gebrauchen.

Schlehengelee mit Kräutern

- **250 g Äpfel**
- **250 g Schlehen**
- **1 Zimtstange**
- **8–10 Nelken**
- **200 ml Apfelsaft**
- **500 g Zucker**
- **ein Glas Sherry oder Portwein**
- **Rosmarin, Minze oder Thymian**

Hatten die Schlehen keinen Frost, legen Sie sie eine Nacht in den Gefrierschrank. Äpfel in Stücke teilen. Mit Schlehen und Gewürzen in Apfelsaft aufkochen. Durch ein Tuch abseihen. Saft nochmals aufkochen, Zucker hinzugeben und rühren, bis er aufgelöst ist. Schaum entfernen. Südwein und gehackte Kräuter nach Belieben zusetzen. Saft kochen, bis die Geleeprobe funktioniert: ein wenig auf einen Teller träufeln, erkalten lassen. Ist es fertig, muss es sich wie Gelee schneiden lassen. Evtl. Pektin zufügen. Wenn Sie keine Kräuter im Gelee haben möchten, kann man sie auch schon vor dem Abseihen mitkochen.

Merkmale
Pflaumenähnliche Früchte. Bis zu 15 mm Durchmesser, mit wenig Fruchtfleisch und großem Stein. Die Büsche bilden ein dichtes, 1–2 m breites Gestrüpp. Die Zweige haben lange, gerade Dornen.

Standort
Schlehen sind genügsam und wachsen auf eher trockenen, hageren und steinigen Böden. Sie sind wärmeliebend und deshalb besonders im Südwesten Deutschlands verbreitet. Man findet sie aber im ganzen Land.

Register

Deutsche Pflanzennamen *(lateinische Pflanzennamen)*